AVIS AU RELIEUR

—

Des exigences de mise en page n'ayant pas permis aux éditeurs de classer les dessins comme ils devraient l'être, le relieur aura soin de remédier à cet état en les plaçant en face des pages indiquées au bas de chacun des dits dessins.

a

LES

DUELS CÉLÈBRES

Tirage à Six cent cinquante exemplaires tous numérotés

Nᵒˢ 1 à 10 . . . . Exemplaires sur papier du Japon.
Nᵒˢ 11 à 25 . . . . — papier de Chine.
Nᵒˢ 26 à 50 . . . . — Whatman.
Nᵒˢ 51 à 650 . . . . — papier vergé.

Exemplaire Nᵒ ....

Couverture imprimée en couleurs, composée par LE NATUR *et* BERNE-BELLECOUR ; *titre rouge et noir, frontispice par* BERNE-BELLECOUR ; *en-têtes, lettres ornées et culs-de-lampe, dessinés et composés spécialement par* MESPLÉS, *et vingt-quatre dessins et portraits inédits par* C. DELORT, JEANNIOT, E. DE LIPHART, G. SAINT-PIERRE, G. ROCHEGROSSE, F. REGAMEY, MESPLÉS, DU PATY, PAUL MERVAERT.

E. Berne-Bellecour
1865

BARON DE VAUX

LES
DUELS CÉLÈBRES

PRÉFACE

PAR

AURÉLIEN SCHOLL

PARIS

ÉD. ROUVEYRE ET G. BLOND

ÉDITEURS

98 — Rue de Richelieu — 98

1884

A AURÉLIEN SCHOLL

Comme un témoignage de reconnaissance et de sincère affection
de l'auteur.

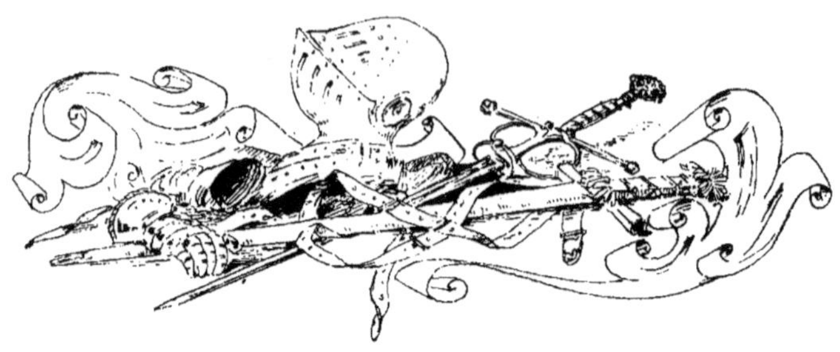

AU BARON DE VAUX

Votre lettre m'arrive à l'instant et me rend positivement rêveur.

Après avoir dressé le répertoire de votre temps, de façon à ce que les romanciers de l'avenir ne puissent rien faire sans avoir consulté vos Hommes d'épée, *vos* Tireurs de pistolet *et vos* Hommes de cheval, *vous voulez aujourd'hui, mon cher ami, faire une sorte de panorama des combats singuliers de toutes les époques.*

Écrire le livre des querelles, *raconter* les duels d'hier *et* les duels d'aujourd'hui. *Que de fantômes vous allez évoquer! Que de spectres vont sortir de l'ombre!*

Le passé appartient à l'historien, et, de ce côté, il n'y a pas de réclamations à craindre. Mais comment toucher aux cendres encore chaudes des querelles contemporaines? Des combattants d'il y a quinze ans, l'un s'est battu pour une maîtresse aujourd'hui mariée, l'autre pour une femme morte et oubliée, un troisième pour une opinion politique qu'il a changée depuis pour une opinion toute neuve.

Tel s'est brouillé avec ses témoins qui, après lui avoir donné un satisfecit, *seront peut-être bien aises de le lui retirer. Tel autre est devenu l'ami intime de son ancien adversaire.*

Des quatre témoins, dans beaucoup d'affaires, un seul a survécu. Qu'il proteste contre un détail peut-être important d'un de ·vos récits, où irez-vous chercher des preuves? Comment le réfuter avec autorité?

J'admire votre audace et je puis bien me risquer à faire la préface, puisque vous faites le livre.

Vous pourriez y ajouter comme appendice le projet d'un boulevardier prudent et sagace qui, par opposition aux salles d'escrime dont Paris se hérisse, veut ouvrir une salle d'excuses *dans laquelle on enseignera les soixante manières de se rétracter, et où les prévôts apprendront à leurs élèves comment on livre* les assauts de politesse!

Le duel est une coutume particulière au monde moderne; on n'en trouve pas de traces dans l'antiquité. Le combat des Horaces et des Curiaces est le premier duel connu. César et Tacite nous apprennent que les Germains décidaient par l'épée leurs querelles particulières; et lorsque la conquête eut mieux fait connaître leurs mœurs, on voit le fait confirmé par les lois qu'ils rendirent.

En 5o1, Gondebaud le Bourguignon ordonne, pour remédier à l'obstination et à l'avarice, que toutes las contestations doivent se décider par l'épée; et Frothius le Danois, digne descendant des héros de l'Edda, dit expressément qu'il est plus noble de résoudre une difficulté par la force que par la parole.

La féodalité reçut cet usage des Barbares; mais elle le modifia, le régla par des lois, en fit une institution sociale, une solennité à laquelle les pouvoirs temporel et religieux prêtaient l'éclat de leur présence.

Othon II, par son décret de Vérone, en étendit l'obligation aux femmes, mais en leur accordant la faculté de se faire représenter par des champions. Les Danois allèrent plus loin encore, car leurs femmes et leurs filles étaient obligées de défendre leur honneur en personne.

En Angleterre, le combat singulier était à peu près inconnu

*avant la conquête normande. Les différents se terminaient par
une compensation pécuniaire. Mais le conquérant introduisit la
coutume de ses fiers Normands : il commença par provoquer
Harold en combat singulier, et la seule restriction qu'il impose
dans ses lois au combat judiciaire, c'est qu'aucun prêtre ne pourra
se battre sans l'autorisation de son évêque.*

*L'un des plus anciens combats judiciaires que l'on trouve dans
les annales anglaises est celui que le comte d'Eu, accusé par
Godefroy Baynard de conspiration contre Guillaume le Roux,
livra à son accusateur dans la plaine de Salisbury. Vaincu en
présence de toute la cour, il fut cruellement mutilé par ordre du
roi : on lui arracha les yeux, son écuyer même fut fouetté et
pendu.*

*On raconte l'histoire plus romanesque d'un comte de Modène
qui, pour avoir imité la continence de Joseph, fut persécuté par
Marie d'Aragon, femme de l'empereur Othon. Il eut beau protester de son innocence, tout ce qu'il put obtenir, ce fut un combat
en champ clos ; il fut vaincu et aussitôt décapité.*

*La comtesse de Modène ramassa la tête sanglante de son mari,
et la déposa aux pieds de l'empereur en lui demandant vengeance.
— « De qui? dit l'empereur. — De vous-même, qui avez sanctionné
une iniquité; car je suis prête à prouver l'innocence de mon mari
par l'épreuve du feu. »*

*Une barre de fer rouge placée au milieu d'un brasier ardent
décida l'affaire; la comtesse, la saisissant sans crainte, réclama
de nouveau à Othon sa propre tête pour avoir fait périr un innocent.*

*La chronique ajoute que l'empereur, après avoir mûrement
réfléchi, imagina comme moyen de conciliation de faire brûler sa
femme, ce qui fut exécuté à Modène, en l'an du Seigneur 998.*

*Dans ces âges barbares, il n'y avait d'autre état pour la no-
blesse que le cloître ou l'épée, que chacun regardait comme sa
seule sauvegarde.*

*Les tribunaux n'existaient que pour les femmes, les gens de
robe, les bourgeois et les vilains. La force triomphait partout.*

Cependant, le remède allait sortir de l'excès du mal. Une nouvelle carrière s'ouvrit sur un terrain que la loi semble impuissante à saisir, celui de l'honneur individuel. L'honneur, sentiment vague, irritable, impossible à définir, que l'État lui-même encourageait chez ses nobles et dont il remettait la défense à leur seule valeur. Ce qu'on appelle aujourd'hui « l'honneur » n'est, en réalité, qu'une transformation de l'antique chevalerie. Les aventures, qui ne manquaient pas d'abord au chevalier errant, protecteur des faibles et des opprimés, ont disparu devant l'organisation d'une bonne police; mais, en mourant d'inanition, la chevalerie nous a laissé un code fantaisiste qui s'est plus ou moins modifié. Les lois de l'honneur, les motifs pour lesquels on doit se trouver offensé, la manière d'obtenir une réparation, la marche à suivre, les privilèges de l'offensé, les devoirs des seconds et autres points de la matière furent exposés dans d'innombrables volumes et discutés avec toute la subtilité du moyen âge.

Les écrivains spéciaux ne reconnaissent pas moins de trente-deux espèces de démentis!

L'Italie fut l'arène où ce nouveau genre de combat singulier, le duel moderne, se déploya avec le plus de fureur; c'est aussi l'Italie qui produisit les traités les plus estimés sur le sujet, les meilleurs armuriers pour les armes usitées dans les combats de cette nature, et les plus célèbres maîtres d'escrime. De là, cette coutume se répandit avec fureur en France, en Espagne, en Allemagne. En Angleterre, elle ne parut prendre racine qu'au temps des Stuarts.

C'est la France qui fournit les plus riches matériaux à l'histoire du duel.

Quand Charles IX institua une cour d'honneur, la France était devenue un champ de tuerie.

Les guerres d'Italie et de la Ligue, jointes au relâchement des liens moraux et religieux, avaient amené un tel état social que, pendant les vingt années du règne de Henri IV, et malgré tous ses édits, il ne périt pas moins de quatre mille personnes en duel, et quatorze mille délinquants obtinrent leur grâce. Chiffre effrayant.

*si l'on songe au petit nombre de gentilshommes qui avaient alors
le droit de porter des armes.*

*Le mal n'en resta pas là, car lorsque l'on n'obtenait pas satisfac-
tion loyalement, il n'était pas moins honorable de la prendre d'une
autre manière. Montaigne dit : « Mettez trois Français dans le
désert de Libye, ils n'y resteront pas un mois sans se battre. »*

*Brantôme fait l'éloge d'un digne gentilhomme de la Franche-
Comté qui tua son ennemi d'un coup d'épée sous le porche d'une
église, et de deux autres qui se battirent dans une église, devant
l'autel, pour décider lequel des deux devait être encensé le premier.*

*Le fils aîné du duc de Guise tua le comte de Saint-Pol dans les
rues de Reims, et deux ans après, il était gouverneur de la Pro-
vence.*

*Si le roi récompensait, les dames françaises adoraient ces nou-
veaux gladiateurs.*

Lord Herbert dit dans un passage de ses lettres :

*« Toutes choses étant prêtes pour le bal, et moi me trouvant près
de la reine Anne, attendant que les danses commençassent, quelqu'un frappa à la porte plus fort, à ce qu'il me sembla, qu'il ne
convient à un homme bien élevé. Quand ce visiteur entra, j'en-
tendis circuler une rumeur parmi les dames. On se disait : C'est
monsieur Balagny ! Puis je vis les dames, l'une après l'autre, l'inviter à s'asseoir près d'elles et, lorsqu'il s'arrêtait quelques minutes,
une autre arrivait bientôt qui réclamait : « Vous l'avez gardé
« assez longtemps ; à mon tour, maintenant. » Ce qui m'étonnait
surtout, c'est que cet homme n'était pas beau ; ses cheveux presque
gris, un pourpoint de gros drap et des culottes d'étoffe commune.
En prenant des renseignements sur ce personnage, j'appris que
c'était un des hommes les plus braves du monde et qu'il avait tué
huit ou neuf personnes en duel, et que c'était pour cela qu'il était
si recherché des dames. »*

*La folie était générale. Ignace de Loyola défiait en combat
singulier tout Maure qui oserait nier la divinité de Jésus-Christ.
Le cardinal de Retz se battait deux fois pendant la Fronde, et le
cardinal d'Este présidait un duel à Ferrare.*

Ce n'étaient pas seulement l'offenseur et l'offensé qui se battaient ; leurs seconds, leurs troisièmes, leurs quatrièmes témoins mettaient aussi l'épée à la main, sans jamais avoir eu l'ombre d'une querelle, sans même se connaître.

Pour juger de l'esprit qui présidait à ces rencontres sanglantes, on n'a qu'à voir le ton plaisant et léger sur lequel en parle Brantôme. Il nous entretient avec délices de ce « très beau combat » livré entre Quélus et d'Entragues avec leurs seconds, ces derniers se battant « par envie de mener les mains ». Il est fier de dire au lecteur que, sur six combattants, quatre périrent, et c'est sans aucun étonnement qu'il raconte que d'Entragues dut la victoire à une dague dont il s'était armé, contre les conventions du combat.

C'était là l'âge d'or de l'honneur et de la chevalerie. Qu'est-ce donc que ce temps si regretté et quels fruits a-t-il produits ? Lorsque Bayard, sans peur et sans reproche, tuait au nom de la courtoisie, de l'honneur et de la religion don Alonzo di Soto Maïor, Machiavel écrivait le Prince, les Borgia empoisonnaient, volaient et se livraient à l'inceste ; les Sforza à Milan, et les Médicis à Florence suivaient leur exemple infâme ; un pape mourait empoisonné par une hostie, un autre pontife bénissait le massacre de la Saint-Barthélemy, Philipe II versait des flots de sang, la cour de Henri VIII était le repaire de la lâcheté, de l'apostasie et des massacres judiciaires. En fait, l'immoralité, la licence, l'athéisme pratique trônaient souverainement par toute l'Europe, à cette époque des preux chevaliers qui, par leur conduite et leurs mœurs journalières, insultaient à cet honneur dont le nom était sans cesse sur leurs lèvres.

Que penser de la loyauté d'un sieur Malcoolm, qui, après avoir dépêché son adversaire, vint à l'aide de son second en disant à la victime de ce guet-apens : « J'ai tué mon homme, c'est vrai, mais si nous restions seul à seul, vous pourriez me tuer à votre tour !... Ne soyez donc pas surpris si je prends mes précautions ! »

Que dire de la générosité d'un neveu du maréchal de Saint-André qui, s'étant pris de querelle dans une partie de chasse avec un ancien officier nommé Matas, se vit bientôt désarmé par lui.

Matas ramassa l'épée et la rendit courtoisement à son adversaire. Celui-ci la reprit en s'inclinant puis, saisissant son moment, il assassina par derrière son trop confiant ennemi. Et savez-vous qui fut blâmé? Matas, qui avait eu le tort de vouloir « donner une leçon de courtoisie à cet honorable *jeune homme!* »

Lord Singular avait perdu un œil en s'exerçant avec un certain Turner, professeur d'escrime. Quatre ans après, il était présenté à Henri IV, et celui-ci demanda si l'homme qui lui avait fait cette blessure était encore en vie.

Le lord crut qu'il était de son honneur de retourner en Angleterre, d'y prendre à sa solde une bande d'assassins et de faire assassiner le malheureux maître d'armes à qui il avait pardonné.

A Milan, il ne se passait pas un jour où l'on ne trouvât sur la voie publique des cadavres abandonnés. Des gens y venaient de tous les coins de l'Europe pour y cultiver le noble art de l'escrime, *et surtout pour y apprendre des feintes et des bottes secrètes.*

Le baron de Mittaud, voulant venger la mort de son frère, assassiné par Duprat, le Parangon de France, provoqua ce dernier en duel. Le baron, s'étant muni sous ses habits d'une cuirasse couleur de chair, *perça tranquillement son adversaire d'outre en outre.*

Tels étaient les duels, tels étaient les héros et les hommes d'honneur de cette époque trop vantée. Aussi ne doit-on pas s'étonner si, avec la marche de la civilisation, le législateur songea partout à réprimer ces excès.

Le duel fut prohibé en Portugal sous peine de la confiscation des biens et de la déportation en Afrique. En Suède, il fut puni de mort. Des édits très sévères furent rendus par François Ier, Charles IX et Henri IV, mais ils restèrent sans effet. La sévérité de Louis XIII ne produisit que peu de résultats, bien qu'il ait fait un grand exemple en faisant exécuter un Montmorency sur la place de Grève.

Louis XIV rétablit la cour d'honneur et menaça de la peine de mort, avec forfaiture de rang, d'honneur et d'état, tous ceux qui oseraient se compromettre dans un duel.

Cette rigueur excessive manqua encore son objet. Le duel se réveilla bientôt avec une licence caractéristique de l'époque. Lauzun, Saint-Évremont et le duc de Richelieu donnèrent l'exemple, que suivirent les femmes elles-mêmes. La marquise de Nesle et la comtesse de Polignac se battirent au pistolet pour l'honneur de la possession d'un Richelieu. Le plus fameux des duellistes féminins fut une cantatrice de l'Opéra, la Maussin, qui, formée par le baron de Sévane, l'un de ses amants et célèbre maître d'escrime de ce temps-là, tua trois hommes en combat singulier et s'enfuit à Bruxelles, où elle devint la maitresse de l'électeur de Bavière.

Ne connaissant pas votre ouvrage, mon cher de Vaux, au moment où je retrace à grands traits l'histoire du duel, je m'arrète pour ne pas empiéter sur vos récits.

Dans la plupart des États européens, les lois relatives au duel ont subi des modifications qui, en les rendant moins sévères, ont produit d'heureux effets.

Dans la pratique, il n'est pas probable que la loi ait jamais prévenu un seul duel; ce qu'elle a obtenu, c'est de forcer les duellistes à se battre loyalement. C'est, à mon avis, un résultat que l'opinion publique et les sentiments d'honneur contemporain, qui est un honneur raisonné, eussent parfaitement obtenu sans les législateurs.

Aurélien Scholl

LE POINT D'HONNEUR

Le point d'honneur, mon cher de Vaux, est presque toujours cause des duels qui ont lieu, car, à tort ou à raison, l'amour-propre fait dépendre la bravoure de ce mot, qui se montre cependant souvent faux et rarement vrai.

La plupart du temps, c'est le faux point d'honneur qui met en présence deux galants hommes; notre susceptibilité pointilleuse, notre orgueilleuse prévention nous portent toujours à croire que notre honneur est effleuré par une négation, par un défi, par un regard ou un propos.

Rien n'est plus extravagant, rien n'est plus dangereux que cette fausse opinion que l'on a du *Point d'honneur*.

Elle abuse et surprend tout le monde, et il n'y a pas à dire, nous nous y soumettons tous. La crainte seule d'un mépris bien ou mal fondé nous trouble et nous porte à croire de suite que nous sommes offensés. Voilà comment le faux honneur se substitue à la place du véritable, qu'il établit des décrets à la pointe de l'épée ; que chacun se soumet à ses dangereuses maximes par la force du préjugé, et que l'on prend l'opinion énoncée pour la loi, l'erreur pour la vérité, la fierté pour la grandeur d'âme, la brutalité pour la douceur, l'injustice pour l'équité et la sottise pour la raison.

C'est du faux point d'honneur dont sont nourris tous ces Rodomonts et ces don Quichottes qu'on rencontre à chaque pas dans la vie. Trop orgueilleux pour s'humaniser, ils regardent leurs concitoyens avec une telle impertinence qu'ils semblent vouloir mettre flamberge au vent pour un oui ou pour un non.

Qu'il y a-t-il de plus commun que de rencontrer des gens vraiment perdus de réputation, qui veulent se battre pour soutenir et conserver l'honneur, ce bien précieux qu'ils n'ont plus ? Si on leur reproche l'injure, le mensonge, la mauvaise foi, ils vous provoquent de suite en duel. Cependant, qui mérite d'être vraiment puni, ou du plaignant, qui est en droit de reprocher, ou de l'homme sans honneur qui, ne pouvant plus rougir de rien, s'offense de la vérité et ose se battre contre elle ? Il en est d'autres encore qui, ne voulant pas revenir sur une parole dite mal à propos, se font un point d'honneur de ne pas se dédire ; et parce qu'ils ne veulent ni s'excuser ni avouer qu'ils ont dit une bêtise, ils se battent et se font tuer.

Ce n'est pas ainsi que se comprend l'honneur, car l'honneur, a dit un savant, n'est point variable ; il ne dépend ni des temps, ni des lieux, ni des préjugés ; il ne peut passer ni renaître ; il a sa source éternelle dans le cœur de l'homme et dans la règle de ses devoirs.

Autrefois, il existait, dans l'armée prussienne, des *Tribunaux* d'honneur, chargés d'entendre toutes les affaires qui pouvaient amener une rencontre entre deux officiers. La mission de ces tribunaux était surtout de prévenir les duels.

Je voudrais bien qu'une institution de ce genre existât chez nous, car il est plus que probable que presque tous les duels dont parlent chaque jour les journaux n'auraient pas lieu.

Oui, mon vieux camarade, presque toujours, c'est un faux point d'honneur qui est la véritable cause de la rencontre.

Mais si l'on m'injurie, me dites-vous, si l'on attaque ma réputation, mon honneur, devrai-je me battre ? « Oui », évidemment, car votre défense devient aussi légitime que forcée, et, dans ce cas, c'est un point d'honneur vrai, légitime, naturel et raisonnable. On se doit le soin de défendre son honneur, sa réputation. Ce serait même une chose indigne d'un homme de ne pas relever la chose.

Le point d'honneur donc commande la défense et répudie l'agression.

A vous,

Marquis DE CASTELLANE-NORANTE.

Versailles, le 5 juin 1883.

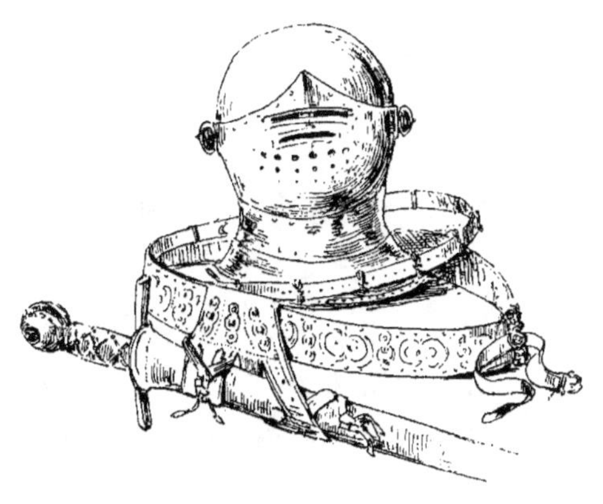

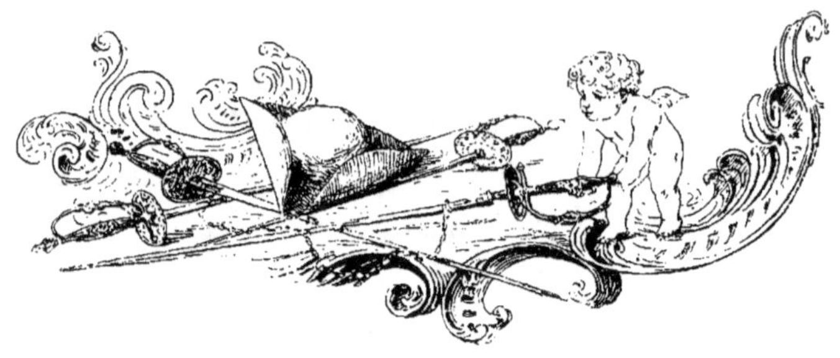

LE DUEL

HIER ET AUJOURD'HUI

Le livre que j'offre aujourd'hui au public n'est point le livre rêvé par Sthal ; ce n'est point non plus une chronique scandaleuse, c'est le récit des principaux duels qui ont eu lieu pendant ces vingt dernières années, et qui n'ont pu trouver place dans l'excellent ouvrage d'Émile Colombey : l'Histoire anecdotique du duel. J'ai laissé de côté les duels burlesques et comiques, pour ne raconter que ceux qui ont un caractère sérieux ou une fin dramatique. J'ai puisé, aux sources les plus sûres, tous les documents qui composent cette espèce d'Encyclopédie du duel. Si, par impossible, ces sources m'avaient fourni quelquefois des renseignements erronés, je serais prêt, cela va sans dire, à rectifier les erreurs que j'aurais commises involontairement. Quoique la plupart des duels que je rap-

porte appartiennent à l'histoire, j'ai omis, à dessein, tout ce qui pouvait blesser des contemporains.

Je n'ai eu qu'un but en écrivant ce livre : celui de montrer qu'il existe encore, en France, des idées chevaleresques et du courage.

Ce n'est donc pas un réquisitoire contre le duel que je présente, car je suis de l'avis de M. Guizot, qui disait au maréchal Clauzel, lors de la discussion du projet Dupin : « Sans les duels, pas de salons; il n'y a que des cabarets. »

On a beaucoup parlé pour, contre et sur le duel, mais je crois et j'espère qu'on n'arrivera jamais à faire une loi sur le duel. On l'a tenté bien des fois, depuis le Code de 1810; aucun projet n'a abouti.

Proposer d'édicter une loi sur le duel à l'heure présente équivaut à peu près à la proposition de rétablir la Censure. Il semblait admis, en effet, que sur ces deux points, du moins, la liberté absolue était conquise.

Après avoir été l'objet d'autant de lois, d'édits et de décrets que la presse, le duel a survécu comme elle à toutes les législations; comme elle, il était entré, avant la malencontreuse intervention de M. Griffe, dans cette phase qui, si elle n'est pas la liberté complète et consentie, est, du moins, la tolérance absolue imposée par la force des choses.

Le duel et la presse, d'ailleurs, sont tous deux de même nature; insaisissables tous deux et échappant aux réglementations les mieux combinées, ils représentent l'un et l'autre cette puissance indéfinissable et vague qui s'appelle : l'opinion.

Un coup de poing qui vous démolit la mâchoire fait-il plus de mal qu'un gant qui vous effleure le visage? Cela est indiscutable, et cependant celui qui aura reçu un coup de poing se contentera très volontiers d'une réparation par les tribunaux, tandis qu'un geste seul, qui n'aura eu aucun résultat matériel, demandera du sang.

« Quel coup de poing! » s'écrie Talleyrand en recevant un léger soufflet de Maubreuil, et, par ce mot prononcé avec une présence d'esprit admirable, le grand seigneur, si vraiment Français en dépit de sa corruption, venait de supprimer l'outrage par le seul fait qu'il aggravait le délit.

Que voulez-vous que les tribunaux fassent contre cette loi sociale, qui est en dehors de toutes les lois du Code?

L'idée de faire une loi contre les duellistes n'est pas nouvelle. Depuis 1815, presque toutes les Assemblées s'y sont essayées; il y a eu deux projets de loi sur le duel mis à l'étude sous la Restauration, trois sous le gouvernement de Juillet, un sous la République de 1848 (1). Celui-ci sera donc le septième, et il serait téméraire d'affirmer qu'il sera le dernier.

D'où sont venues jusqu'à ce jour les difficultés exceptionnelles qui ont empêché de rédiger ce chapitre de législation pénale? De deux causes, l'une qui tient aux difficultés particulières du sujet au point de vue juridique; l'autre, qui résulte de ce produit des mœurs et de l'opinion qu'on appelle le préjugé.

(1) Le projet Griffe a été repoussé et, à l'heure qu'il est, il n'en est plus question.

Au point de vue juridique, la question du duel a soumis à de singulières épreuves la science des criminalistes et la doctrine des tribunaux. Rien n'est en effet plus difficile à commenter que le silence de la loi. Or, depuis 1789, aucune loi criminelle n'a parlé du duel : ni le Code pénal de 1791, ni le Code des délits et des peines de l'an IV, ni le Code pénal de 1810; et l'on en est encore à se demander si le législateur moderne a voulu punir le duel. Merlin déclarait que non. Ce jurisconsulte si ferme et si sagace, qui avait assisté de près à toute l'œuvre législative de la Révolution et de l'Empire, qui en avait été l'un des interprètes les plus autorisés comme procureur général à la cour de cassation, Merlin n'hésitait pas à soutenir que ni le duel ni ses suites les plus meurtrières n'étaient atteints par la loi pénale. « Le silence de la loi « équivalait, disait-il, à une prohibition expresse de « punir les duellistes qui avaient loyalement observé dans « le combat, quelle qu'en fût l'issue, les règles qu'ils « s'étaient réciproquement imposées par leur convention préa- « lable. » Telle était la réponse qu'il faisait, en 1812, à un procureur général qui le consultait sur des poursuites à engager contre un duelliste qui avait tué son adversaire.

Jusqu'en 1837, l'opinion de Merlin fut partagée par la cour de cassation et par presque toutes les cours d'appel. Le petit nombre de cours dissidentes qui croyaient devoir renvoyer en cour d'assises les champions et les témoins de duels malheureux, voyaient leurs arrêts impitoyablement cassés par la cour suprême. (Arrêts de 1819, 1821, 1822, 1827, et deux arrêts de chambres réunies, décembre 1824 et août 1828.)

En 1837, tout changea de face. La cour de cassation,

entraînée par des conclusions pressantes de son procureur général, M. Dupin, — et aussi, il faut le reconnaître, par un mouvement assez vif de l'opinion, — déclara pour la première fois, par arrêt du 15 décembre 1837, que les peines du Code pénal étaient applicables aux meurtres et blessures résultant d'un duel. Depuis lors, la jurisprudence n'a plus varié.

La doctrine judiciaire actuelle, pour appliquer au duel des lois qui n'en font pas mention, a été ainsi amenée à ériger en une sorte d'article de foi juridique le propos humoristique qu'on a attribué au conseiller d'État Treilhard (1). Un jour qu'on lui demandait pourquoi le Code pénal (dont il était un des principaux rédacteurs) n'avait pas parlé du duel : « Nous « n'avons pas voulu, dit-il, faire au duel l'honneur de le « nommer. » — Boutade spirituelle si elle n'était que l'expédient d'un législateur embarrassé; mais singulière réponse, on en conviendra, venant d'un criminaliste qui est bien obligé de faire aux plus laides actions l'honneur de les nommer, s'il n'aime mieux leur faire l'honneur plus grand encore de les absoudre par son silence; — réponse non moins étrange si elle est celle d'un moraliste; car refuser de faire aucune différence entre les coups portés en duel et les violences brutales et déloyales que le Code qualifie assassinat, coups et blessures volontaires, c'est méconnaître la réalité des choses et l'impression instinctive de la conscience.

Or, ce souffle puissant, qui est la conscience publique, ne confondra jamais le duel avec l'assassinat. Les échafauds élevés par le cardinal de Richelieu pour y faire tomber les

(1) Le Temps, 27 *février 1883. — Projet de loi sur le duel.*

têtes des duellistes n'empêchèrent pas les duels entre gentils-hommes. La religion même, qui dompte tant de passions, est impuissante pour rendre l'homme insensible à l'injure.

Deux ou trois juges pourront punir un maréchal Bugeaud pour avoir mis une balle dans la tête d'un insolent, mais la conscience publique absoudra ce vétéran jaloux de son honneur.

Quoi qu'il en soit, nous vivons depuis 1837 sur cette idée d'assimilation légale entre le coup d'épée sur le terrain et le coup de couteau au coin d'un bois. L'assimilation étant fausse en elle-même, il n'est pas surprenant qu'elle n'ait jamais été observée ni par le ministère public, ni par les juges, ni sur-tout par les jurés. Elle ne l'est pas davantage par MM. les députés, qui, de temps à autre, envoient ou reçoivent des car-tels avec une conscience aussi peu troublée que s'il s'agissait de simples communications parlementaires.

Le duel, à mon idée, n'est pas justiciable de la loi pénale. Dites tout ce que vous voudrez contre le duel : qu'il est un reste de barbarie, qu'il est contraire à la notion du juste et de l'injuste, qu'il tend à faire résider le droit dans la force, vous n'arriverez jamais à établir la légitimité d'une mesure assimilant le duel à un délit.

Comment la loi pénale, sans cesser d'être juste et aussi d'être conséquente avec elle-même, atteindrait-elle un cas qui, le plus souvent, trouve sinon sa justification, au moins son excuse dans la loi même, impuissante à dénouer paci-fiquement les situations que l'épée tranche. La loi n'a pas à venger, mais elle devrait réparer. Est-ce que la loi sur la dif-famation, qui n'admet pas la preuve, répare quelque chose ?

*Est-ce qu'il est possible de la concevoir et de la faire répara-
trice? L'admission de la preuve à l'audience entraînerait des
abus monstrueux, crécrait une prime au chantage et mettrait
le repos et l'honneur des plus honnêtes gens à la merci du premier malfaiteur venu. Où sera donc la réparation pour le dif-
famé, si le duel est non seulement condamné, mais flétri par
la loi?*

*Je le répète, le duel est nécessaire. Aujourd'hui, où tous les
rangs sont confondus, depuis que l'instruction ne garantit plus
l'éducation, depuis que la politique a aigri les caractères,
depuis que les intérêts rivaux ont surexcité les mauvaises passions, depuis que les révolutions ont créé les haines héréditaires,
depuis enfin que la vie de famille est remplacée par la vie
publique, la vie en commun, la société a besoin d'un frein
puissant. Le duel est ce frein.*

*Combien d'infamies se commettraient chaque jour dans les
grandes villes qui échapperaient à l'action de la loi, et que le
duel prévient ou punit.*

*Le juge, assis sur son siège, empêchera-t-il une honnête
femme, une jeune fille innocente, un vieillard infirme, d'être
l'objet de l'insulte cachée d'un drôle ou d'un lâche?*

*Sans doute, la vie humaine est précieuse et sacrée. Mais
l'honneur aussi a son prix, la dignité humaine a le sien. Il
faut enseigner aux sociétés qu'une mort fière et virile est pré-
férable à une longue vie de hontes et d'humiliations.*

*Chose remarquable : il n'y a de courtoisie, de réelle poli-
tesse, de bienveillance réciproque, d'égards pour l'âge, que
dans les milieux où le duel est admis.*

Partout ailleurs on montre, comme dernière raison, les pieds ou les poings.

Du jour où une législation imbécile proscrirait, de façon absolue, le duel, les lâches et impudents gredins qui se mettent déjà à l'abri de ses prohibitions tacites triompheraient tout à fait.

Je pense que cet avènement n'est point désirable.

Préjugé tant qu'il vous plaira, le duel est la manifestation dernière de cet état d'esprit qui faisait jadis passer l'honneur avant toutes les richesses ; il représente, il faut bien le reconnaître, de nobles et généreux sentiments ; c'est la parodie, je vous l'accorde, mais la parodie respectable encore d'un magnifique idéal. Sans offrir d'inconvénients très graves, il a l'avantage d'évoquer devant nous cette France des aïeux, si enthousiaste du choc des épées, si insouciante du danger.

Pourquoi le duel, en dépit de tant de changements accomplis dans les usages, a-t-il conservé son prestige ? C'est que quiconque se bat expose sa vie, risque cette vie si précieuse, si chère, embellie par tant de plaisirs, cette vie à laquelle Mécène, vrai Romain de la décadence, déclarait, dans les vers que l'on sait, tenir quand même, fût-elle accablée d'infirmités, attristée par toutes les maladies...

Sans doute, dans la plupart des cas, les événements ne tournent pas à la catastrophe, et les égratignés, heureusement, sont plus nombreux que les morts. N'importe, on ne sait où ira l'épée nue devant laquelle on se place, quelle direction suivra la balle d'un pistolet, et si la maladresse a ses aspects rassurants, elle a aussi parfois ses surprises terribles.

L'homme qui, escorté de ses témoins, se rend sur le terrain, quitte donc ainsi volontairement un intérieur où il est bien d'ordinaire, pour courir la chance de n'y plus revenir vivant. Cet acte, il l'accomplit, sans y être forcé, pour l'honneur, c'est-à-dire pour cette chose abstraite qui n'est pas cotée comme une valeur, qui ne se traduit pas par des chiffres. En se conduisant ainsi, il sort de la vulgarité des jours actuels, il s'élève au-dessus des considérations terre-à-terre, il témoigne qu'il a une âme élevée et accessible à des pensées d'un ordre supérieur.

En ce sens il est plus courageux que les friands de la lame des siècles passés, que les bretteurs qui tiraient leur épée dans un mouvement tout instinctif, qui vivaient au milieu des armes.

Comme le disait fort bien CHAPELLE, *dans sa chronique du* sport *à laquelle j'emprunte ce passage, le capitan, le matamore, le duelliste de profession seraient ridicules et odieux dans notre société.*

Au contraire, l'homme d'habitudes ordinairement paisibles, qui, outragé au foyer domestique, risque sa vie pour faire respecter son nom; l'écrivain, qui, entraîné au delà de la discussion permise par son ardeur à défendre ses convictions et ses idées, abandonne un matin son cabinet d'étude plein de livres, pour répondre à un défi, me semble personnifier un des côtés sympathiques de l'existence moderne.

Évidemment, qu'il tue ou qu'il soit tué, qu'il blesse ou qu'il soit blessé, le mari déshonoré par sa femme n'en est pas moins trompé. Un coup droit réussi, une balle bien envoyée ne prouvent absolument rien en faveur des doctrines d'un écrivain. On peut viser très bien et raisonner très mal.

Ceci est irréfutable au point de vue de la froide raison, mais ce n'est pas la logique qui gouverne le monde. Comme, en réalité, la terre serait insupportable à habiter sans un élément de chevalerie, de fantaisie, de foi, le duel continuera à subsister.

Ceux qui veulent supprimer le duel, c'est-à-dire l'exercice d'une juridiction personnelle sur des offenses que la loi n'atteint pas, devraient commencer par chercher à créer pour ces cas délicats, l'arbitrage légal qui n'existe pas. Ne voulant pas que l'offensé se rende justice lui-même, ne pouvant pas exiger qu'il dévore l'affront sans protester, ils devraient faire quelque effort pour que justice lui fût rendue sous une autre forme. De là, l'idée des tribunaux d'honneur qu'on a quelquefois mise en avant.

Louis XIV l'avait bien compris. Dans ses édits contre le duel, il ne se contente pas de prononcer des peines : il commence par instituer un tribunal d'honneur, de l'ordre le plus élevé, le « tribunal des maréchaux », auquel il brescrit de dénoncer « toutes les offenses à l'honneur soit par des rapports « ou discours iniurieux, soit par manquement de promesse ou « parole donnée, soit par démentis, coups de main ou autres « outrages » (Édit d'août 1679, article 3). Et c'est seulement après avoir offert cet arbitrage, après avoir promis toutes les réparations matérielles et morales dont disposait le tribunal d'honneur institué par lui, que l'édit frappait des peines les plus sévères ceux qui dédaignaient ce secours et préféraient leur propre justice à la justice du roi. Aussi l'édit de

Louis XIV trouva-t-il autant d'obéissance que les édits de Richelieu avaient rencontré de hautaines résistances et de rébellions désespérées.

Mais qu'on se rappelle bien, ainsi que le dit le comte de Châteauvillard dans son Essai sur le duel, *que les lois contre les duels n'ont produit que d'affreuses catastrophes, que d'iniques condamnations, que l'esprit de tous les temps les a repoussées, que ce ne sont point des lois nouvelles contre les combats singuliers qu'il serait nécessaire de promulguer, mais des lois réglementaires de ces combats, qui les rendraient moins fréquents, moins atroces et plus conformes au point d'honneur.*

M. de Vaux

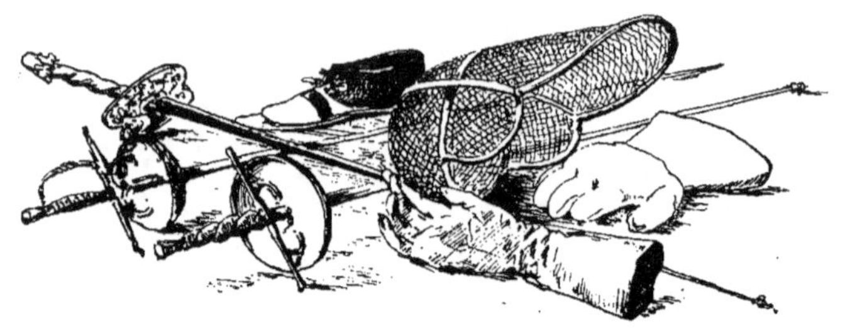

DUEL DU PRINCE DOLGOROUKI.

I nous racontons le duel au pistolet qui eut lieu en 1873, c'est parce que c'est une page d'histoire parisienne, bonne à conserver, tant à cause de la notabilité des personnages qui y prirent part ou qui y furent mêlés, que pour la rigueur inusitée des conditions de combat.

Le baron Georges de Heeck... était un soir aux fauteuils d'orchestre des Variétés, lorsque Caroline Lete..., avec laquelle il était *en froid*, entra dans une loge au bras d'un Russe accompagné de son ami, le prince Dolgorouki arrivé de la veille; une autre femme complétait le quatuor. Caroline, en s'asseyant, avait reconnu son amant.

— Tiens! Heeck... est là! dit-elle à sa voisine.

Le prince, qui ne connaissait le jeune gentleman que de réputation, prit sa lorgnette et se pencha hors de la loge. Heeck..., croyant être nargué, fit un geste qui signifiait : Est-ce à moi que vous en avez? Puis comme le prince, très myope, cherchait son point, la lorgnette toujours braquée, Heeck... quitta son fauteuil et frappa rudement à la porte de la loge.

Le prince ouvrit et s'excusa, de son mieux, d'un simple mouvement de curiosité. Il aurait pu faire le plus beau discours du monde, que son interlocuteur, comme tous les amoureux vexés et furieux, ne l'aurait pas entendu.

Un soufflet retentit sur la joue du prince.

Celui-ci, le lendemain, envoya deux de ses compatriotes, le comte Geltouckine, colonel de la garde impériale, et le comte Pzeweloscoï s'aboucher avec les témoins de Heeck..., MM. Alfonso de Aldama et Xavier Feuillant.

— Messieurs, dirent les Russes en entrant en matière, vous avez l'habitude, en France, d'avoir des petits duels de quatre sous pour des choses qui valent encore moins; chez nous, on se bat très rarement, mais, quand un homme en soufflette un autre, il faut que l'un des deux meure!

Les témoins du prince comptaient peut-être intimider ceux du baron par ce discours énergique; ils se trompaient. A. de Aldama et Feuillant n'étaient pas de ces petits jeunes gens qui, en semblable occurrence, jouent les Met-

DUEL DU P^ce DOLGOROUKI ET DU B^on DE HEECKHEREN

A THIONVILLE

Page 2.

ternich et les Talleyrand, noircissent vingt cahiers de
papier, chicanent sur tout, demandent des concessions,
des compensations, réclament un jury d'honneur, un
arbitre pour les départager, vont réveiller Anatole de
la Forge, et, finalement, apportent à leurs clients *le délicieux procès-verbal* où il est dit que :

1º M. Bézuchet, en traitant M. Patachon de sale
escroc, n'a jamais eu l'intention d'attenter à son honorabilité;

2º En présence de cette déclaration franche et loyale,
M. Patachon retire complètement la gifle qu'il a appli-
quée à M. Bézuchet!

Les témoins du baron répondirent donc à ceux du
prince : « Notre ami nous a chargés d'accepter toutes vos
conditions. »

Ces conditions étaient des plus rigoureuses, et,
comme nous ne croyons pas qu'elles aient servi une
seconde fois en France, nous les donnons ici à titre de
curiosité :

1º Les combattants seront placés à vingt pas l'un de
l'autre;

2º Au commandement de : *Allez!* ils pourront faire
cinq pas;

3º Tir à volonté à partir du mot : *Allez!*

4º Une barrière, placée à cinq pas de chaque combattant, marquera la limite qu'il lui est défendu de franchir;

5º On échangera un nombre illimité de balles et le
combat ne cessera que lorsque une blessure grave en aura
rendu la continuation impossible;

6º Les blessés pourront tirer dans la position dans

laquelle ils se trouveront à terre : ils pourront également se traîner jusqu'à leur barrière, *mais sans l'aide de leurs témoins ;*

7° Le duel aura lieu dans le duché de Luxembourg ; on se servira de pistolets de tir.

Ces conditions, le baron de Heeck... les connaissait bien : c'étaient les mêmes qui réglèrent le duel de son père avec le grand poète russe Pouchkine en 1837.

Son premier mouvement de colère passé, il avait compris combien il avait eu tort de frapper le prince, qui ne connaissait pas Caroline L... Enfin le vin était tiré, il fallait le boire.

— Comme j'ai tous les torts, dit-il à ses témoins, j'essuierai le feu de mon adversaire et je tirerai en l'air.

— Garde-t'en bien, répondit Alfonso de A...; on rechargerait les armes en ce cas, et, comme tu offres un beau plastron, le prince ne te manquerait pas une seconde fois.

— Alors, fit Heeck..., je le mettrai dans l'impossibilité de continuer.

Chacun fit ses préparatifs, et on alla coucher à Thionville. Au moment du départ, les témoins de Heeck..., ne trouvant pas leur client, se dirent qu'il était peut-être en train de faire son testament et montèrent doucement à sa chambre.

Quelle ne fut pas leur stupéfaction en le voyant en extase devant une demi-douzaine de chaussettes de soie, étalées sur son lit et discutant, avec son valet de chambre, l'opportunité de son choix !

Il se décida, enfin, pour une paire à pois blancs, et dit à ses amis : Si je suis tué, mon cadavre aura une certaine tenue !

Le lendemain, on passa la frontière luxembourgeoise et les adversaires furent placés. Devant chacun, à cinq pas, une canne figurait la barrière : ces deux cannes étaient donc à dix pas l'une de l'autre.

Les pistolets furent décachetés, chargés et remis aux deux combattants.

Au commandement de : *Allez!* le prince Dolgorouki abattit son arme, enjamba rapidement les cinq pas et fit feu en arrivant à la barrière.

Heeck..., dès qu'il avait vu son adversaire se mettre en marche, l'avait froidement couché en joue; il marcha lentement, essuya son feu et lui fracassa l'épaule droite.

Alors, le chapeau à la main, il s'approcha du blessé gisant à terre.

— Prince, dit-il, je m'en veux encore plus de ma maladresse de l'autre jour que de mon adresse d'aujourd'hui, pardonnez-moi l'une et l'autre; il y a longtemps que vous auriez reçu mes excuses et mes regrets s'il m'eût été permis de vous les exprimer.

Emu jusqu'aux larmes, le prince lui tendit les mains.

La Providence était probablement occupée ailleurs ce jour-là; du reste, tous les malheurs pleuvaient à la fois sur l'infortuné. Arrivé de Russie depuis trois jours, il avait successivement reçu une culotte de 100,000 francs à son cercle, un outrage immérité, une balle, puis la nouvelle qu'une personne, en qui il avait mis sa confiance, venait de le trahir indignement! C'était complet.

On remonta en voiture, et il arriva ce qui se passe toujours en pareil cas. Le cocher du blessé avait l'air morne et la tête penchée. Celui du vainqueur faisait joyeusement claquer son fouet en disant à son client :

— Voyez-vous, monsieur, j'aurais donné vingt fr. de ma belle *argent blanche,* pour que vous fussiez le gagnant !

— Qu'est-ce que ça pouvait te faire ? Tu ne m'avais jamais vu et tu ne me reverras peut-être jamais.

— Possible, monsieur, mais on a sa *petite* amour-propre !

Arrivé à Thionville, Heeck... reçut une ovation des officiers allemands accourus sur les remparts ; notez qu'on était en 1873.

Quant au prince Dolgorouki, il guérit heureusement et sa déveine a cessé. Il a été beau-frère du défunt Empereur de toutes les Russies, par le mariage de sa sœur : celle qu'on appelait la grande *Mademoiselle.*

LE DUEL DES MIGNONS

C E fut pendant un bal masqué que donna la comtesse de la P..., que se prirent de querelle le comte de L... et M. Therette, un jeune avocat qui venait de faire ses débuts au barreau de Paris.

La querelle s'envenima tellement, que ces deux messieurs, qui étaient déguisés, l'un en mignon Henri III, et l'autre en officier de Cosaques, résolurent de se battre immédiatement. Les témoins furent choisis et il fut décidé, séance tenante, que la rencontre aurait lieu au petit jour, au bois de Boulogne.

Les deux adversaires revinrent au bal et dansèrent jusqu'au moment ou leurs témoins vinrent les prévenir que le duel aurait lieu à l'épée et que le combat se prolongerait jusqu'à ce que l'un des adversaires fût dans l'état absolu de continuer.

Deux médecins militaires, qui furent recrutés pendant le trajet, accompagnèrent les combattants, qui arrivèrent sur le terrain dans le costume qu'ils portaient au bal de la comtesse de P... Les témoins, n'ayant pas eu le temps de se déshabiller, se trouvèrent également dans leur tenue soirée.

A peine ont-ils croisé le fer que l'épée de M. Therette se brise et qu'il faut avoir recours à celles apportées par son adversaire.

Il tombait une petite pluie fine qui rendait le terrain fort glissant; aussi, à la seconde reprise, les témoins reconnurent-ils d'un commun accord que le duel ne pouvait pas avoir lieu à cet endroit, où on glissait à chaque pas.

On chercha un autre terrain et, après bien des recherches, on finit par venir se placer derrière le champ de courses de Longchamps. Les quelques rares cavaliers qu'on rencontrait à cette heure dans ces parages, regardaient passer en riant ces deux landaus, sans se douter que cette mascarade cachait deux hommes, qui allaient se couper la gorge, à propos d'une valse accordée à l'un et refusée à l'autre.

Un des témoins cherche, avant d'engager de nouveau le fer, à arranger la chose, mais, devant les objections qu'il rencontre, il se voit obligé de remettre les deux adversaires en présence.

Les fers se croisent de nouveau : le comte de L..., plus familiarisé avec l'escrime que M. Therette, se contente de parer les coups que ce dernier lui porte en rompant. Il attaque rarement, et, lorsqu'il le fait, c'est avec une extrême prudence, car le coup fourré aurait pu se produire.

A un moment donné, une goutte de sang tache la chemise du comte de L... Les témoins arrêtent le combat et les médecins visitent la blessure : elle est insignifiante, et le comte de L... déclare sur son honneur qu'il ne souffre pas et qu'il peut continuer.

On se remet en garde et, pendant plus de dix minutes, on ferraille sans aucun résultat. Un troisième repos est nécessaire.

Enfin, à la quatrième reprise l'épée du comte de L... pénètre un peu au défaut de l'épaule de son adversaire et la traverse de part en part.

M. Therette, qui portait le costume d'officier de Cosaques, s'affaisse et se trouve mal. Quelques instants après, il revient à lui, et, comme son adversaire se trouvait à ses côtés, revêtu de son costume de Mignon, il lui tendit la main en lui disant : « Quélus et Maugiron n'étaient rien auprès de vous ! »

Six mois après, le pauvre avocat mourait des *suites de cette blessure.*

GENDARME SUSTHENDAL, ESSAYEZ CETTE LAME

En 1864, M. Le Go... compromit par ses assiduités Mᵐᵉ A... Le mari ne marchant pas (il avait bien d'autres choses en tête à cette époque, car il songeait à la députation et il y est parvenu aujourd'hui), ce fut le frère de la dame qui provoqua M. Le Go...

Le provocateur, Auguste B..., chargea Henri Marais de son affaire, et après quelques pourparlers avec les témoins, il fut décidé qu'une rencontre aurait lieu en Belgique. Tous les six partirent pour Bruxelles. Henri Marais avait vingt-quatre ans; l'âge de ses compagnons variait de vingt à vingt-deux ans.

Maintenant, laissons la parole à Henri Marais :

Notre premier soin, en arrivant dans la capitale du Brabant, fut de nous procurer des épées. Chose étonnante, dans un pays où on trouve à chaque boutique des revolvers à quatre francs cinquante et des Lefaucheux à vingt-neuf francs, il n'y avait pas d'épées de combat.

Enfin chez un nommé Janssen, nous en trouvâmes une paire. C'étaient plutôt des armes de panoplie; les gardes étaient en bronze doré, bref un véritable cadeau pour un roi nègre.

L'armurier nous les vendit cent vingt francs. Après cet achat, nous cherchâmes un médecin pour soigner les blessés; mais tous nous refusèrent, en alléguant les lois.

Nous les ignorions alors. Notre ignorance devait être de courte durée.

Un docteur-pharmacien ne voulait pas croire à un duel.

— Voyons, nous dit-il, vous avez besoin de mon ministère pour une petite maladie que bien des Parisiens gagnent chez nous. J'ai justement là des capsules d'une efficacité éprouvée.

Nous nous éloignâmes et nous nous fîmes conduire à Ixelles par deux ignobles voitures que, dans le pays, on appelle *Vigilantes*.

Sur la route, j'aperçus un petit bois qui me parut propice à nos desseins.

Je fis arrêter les voitures et nous pénétrâmes dans une belle allée où le soleil luisait pour tout le monde. Nous nous installions à peine, quand une bande de cinquante rabatteurs en blouse, précédée de deux gendarmes et d'un gros monsieur en redingote brune, apparut à cinquante mètres de nous en criant: Par ici, ils sont là, nous les tenons! J'enveloppai les épées dans un pardessus et jetai le tout dans un buisson. — Nous étions cernés; le gros homme s'élança sur nous six et nous palpa rapidement de haut en bas en disant: — Où sont les pistolets?

— Monsieur le douanier, nous n'avons pas de pistolets.

— Je suis commissaire de police d'Ixelles, fit notre palpeur, en se ceignant les flancs d'une bretelle aux couleurs nationales; vous êtes en flagrant délit de duel, suivez-moi au commissariat.

Nous remontâmes dans nos *Vigilantes,* escortés par la foule qui nous regardait comme des malfaiteurs.

Arrivés chez le commissaire, je protestai hautement contre notre arrestation. Le duel n'avait pas eu lieu et, selon moi, nous ne devions encourir aucune pénalité.

M. le commissaire réprima un sourire et prit sur son bureau le code pénal belge, relié en vert avec tranches jaunes.

— Attendez, nous dit-il, je vais vous montrer votre cas.

Et il me fit lire une série d'articles où non-seulement le duel, mais l'envoi d'un cartel et même la provocation dans un lieu public ou privé, étaient punis par un charmant tarif d'amendes et de prison. Je restai ébahi. Je venais d'apprendre la loi belge.

— Monsieur, dis-je en usant d'un artifice de langage, je vous jure que l'affaire devait s'arranger sur le terrain ! Du reste, ajoutai-je à tout hasard, en pensant à la promptitude de notre arrestation, monsieur le commissaire n'ignorait pas, je pense, le but de notre voyage ?

— C'est vrai ! jeunes gens, mais si je vous rends la liberté, me promettez-vous de retourner ce soir en France ?

— Nous le jurons !

— Alors vous êtes libres.

J'eus alors l'imprudence de vouloir faire le beau parleur.

— Monsieur, voyez ces respectables colichemardes, croyez-vous sérieusement qu'on puisse se faire du mal avec ?

— Gendarme Susthendal, essayez cette lame!

Susthendal avait fréquenté la salle d'armes, mais les fleurets de la fabrique de Solingen ne pouvaient être comparés à ces deux tringles à rideaux pointues qu'on soumettait à sa haute expertise.

Il prit une épée, fouetta l'air à deux reprises et voulut en essayer la flexibilité sur le sol.

Oh malheur! Susthendal eut l'imprudence d'appuyer la pointe sur sa botte. La lame était inflexible, elle entra dans le pied de l'infortuné, qui poussa un cri terrible.

Nous dégringolâmes l'escalier au plus vite, craignant de voir le terrible code pénal nous mentionner le coût de la blessure d'un militaire et d'un ventilateur pratiqué sans intention dans la botte d'un gendarme.

Nous revînmes en France et je fis ce que j'aurais dû commencer par faire.

Le duel eut lieu à Chatou.

M. Le Go... fut légèrement blessé. Quatre ans après, il se noya en mer dans une promenade sur les côtes de Bretagne.

En 1867, M. Rouher fit voter une loi qui rendait les Français justiciables en France de tout délit commis à l'étranger.

Ainsi la justice française peut, *quand elle le veut,* évoquer devant elle les témoins et les combattants d'un duel qui a lieu hors de France.

L'affaire Ollivier-Feuilhrade (1875) en est un exemple récent.

Quant à la justice étrangère, je viens d'en donner un échantillon.

N'allez jamais vous battre en Angleterre, en Allemagne ou en Russie; le tarif est d'un raide!

Chatou, le Vésinet, Saint-Germain sont si près!

UN DUEL AUX FLAMBEAUX

UN duel qui rappelle par beaucoup de côtés un de ceux qu'eut à soutenir Cyrano de Bergerac, eut lieu le 24 novembre 1867, dans le bois de Vincennes, entre M. de Pindray, mort aujourd'hui, et le comte de Belleville.

Leur querelle avait été amenée par une demi-mondaine qu'on avait surnommée à cette époque : *le Passage des Princes*. Le comte de Belleville, en entrant un soir au Café Anglais, se croisa avec M. de Pindray, qui en sortait. Au lieu de se ranger afin de laisser passer son rival, M. de Belleville le poussa, et comme M. de Pindray ne voulait pas être taxé de poltronnerie, il envoya deux témoins à M. de Belleville.

Les témoins se rencontrèrent le soir même; leur mandat était des plus simples. Il fut convenu que la rencontre aurait lieu le lendemain, à deux heures, à Vaucresson.

Le lendemain un petit journal raconta l'affaire du Café Anglais en donnant, sur le duel qui devait avoir lieu dans la journée, les détail les plus précis.

La police, prévenue, fit bonne garde; et comme on savait l'endroit où la rencontre devait avoir lieu, des gendarmes se trouvaient postés dans tous les coins du bois pour l'empêcher, et, au moment où les deux voitures s'arrêtaient à l'entrée de la forêt, un commissaire de police, ceint de son écharpe, venait prevenir ces messieurs qu'il avait ordre de saisir les épées, si on les sortait de la voiture.

Il n'y avait rien à faire, et, après s'être consultés quelques instants, les quatre témoins décidèrent qu'on rentrerait à Paris et que le duel aurait lieu ultérieurement.

La chose qui semblait extraordinaire aux deux combattants c'était la présence sur le terrain de cet escadron de gendarmes.

Il fallait que la police ait été prévenue, et ce fait-là ne pouvait venir que de l'un ou de l'autre.

Tel était le raisonnement que chacun se faisait, pendant que l'un des témoins se livrait à une enquête à ce sujet.

On finit par savoir que la nouvelle donnée par le journal avait été achetée à un garçon de café, et en remontant à la source il fallut reconnaître que c'était une copie du procès-verbal, oubliée au restaurant, qui avait servi à cette publication.

Voici comment les choses s'étaient passées. Les quatre témoins s'étaient réunis dans un cabinet du *Café de Paris,* et avant d'arrêter définitivement la rencontre, ils avaient entassé procès-verbaux sur procès-verbaux. Sans songer à l'indiscrétion d'un garçon, ils s'étaient contentés de froisser le papier inutile et de le jeter dans la cheminée.

DUEL DU CAPITAINE FRACASSE

Page 15.

Aussitôt leur départ, le garçon qui les servait ramassa ces papiers et alla les vendre au journal en question.

L'enquête terminée, on décida qu'on ne ferait le procès-verbal qu'après la rencontre, qui aurait lieu à huit heures du soir, dans la forêt de Vincennes.

Les témoins se rendirent, chacun de leur côté, à l'endroit qui avait été désigné, avec dix torches de résine. A l'heure dite, chacun des témoins, moins celui qui réglait le combat, s'armèrent de deux torches, et une fois allumées, les deux adversaires furent mis en présence.

Le combat fut acharné de part et d'autre ; il y eut quatre reprises, et comme à cette époque on ne connaissait pas encore la blessure à la main, ce ne fut que lorsque M. Pindray tomba, percé de part en part, que le combat pris fin.

L'épée de M. de Belleville était entrée un peu au-dessous du sein droit, et par un de ces hasards providentiels, aucun organe essentiel à la vie n'étant touché, la blessure ne fut pas mortelle.

DUEL DU CAPITAINE FRACASSE

M. de Bravura est un gentilhomme russe qui habite Paris depuis de longues années. En 1875, il se trouvait au *Café Anglais* avec un de ses amis, lorsqu'un personnage vint se placer à la table à côté de la sienne.

Comme il avait tout bousculé pour arriver là, sans proférer la moindre excuse, M. de Bravura le rappela à l'ordre.

Le personnage en question, prenant alors des airs de capitaine Fracasse, lui répondit par ces mots :

— Je suis désolé, monsieur, mais je n'aime pas les observations et je vous engage à ne pas les renouveler, sans cela il pourrait vous en cuire.

M. de B... lui demanda alors sa carte.

Les témoins, constitués de part et d'autre, décidèrent que le duel aurait lieu au pistolet, à La Marche, derrière le champ de courses.

A l'heure dite, ces messieurs se trouvèrent au rendez-vous.

Les distances furent mesurées par le comte de H..., et les pistolets furent chargés par le baron de V...

M. de Brav... portait une rose à sa boutonnière; il ne voulut pas s'en séparer, malgré les exhortations de ses témoins.

Le capitaine Fracasse fit feu le premier et manqua. M. de B..., levant alors son pistolet, le déchargea en l'air et il s'éloigna en fredonnant un air du *Petit Duc.*

*
* *

M. de B... eut encore un autre duel au pistolet avec le colonel K..., mais sans aucun résultat.

Son duel avec M. Jehan Soudan, du *Voltaire,* eut lieu également au pistolet, à dix pas.

Les deux balles furent tirées sans résultat.

M. DE LAGRENÉ

DUEL LAGRENÉ-DES PERRIÈRES

IL y a quatre ans environ, vers 1880, Carle des Perrières écrivait au *Triboulet* hebdomadaire; il y faisait une série de portraits parisiens, signés L'Angély; portraits qui étaient presque tous des satires endiablées.

A ce moment-là, Sarah Bernhardt occupait beaucoup les journaux et le public de sa personnalité; tragédie, critique, sculpture, peinture, ballons, elle saisissait toutes les occasions d'emboucher les trompettes de la réclame. Son portrait parut dans le *Triboulet,* et, dame, il était un peu bien vif, le portrait.

C'est sur ces entrefaites qu'Édmond de Lagrené, une des personnalités les plus sympathiques du monde diplomatique, revint de Chine où il avait été passer trois années en qualité de vice-consul de France.

Son exil ne lui avait fait rien perdre de l'affection qu'il portait au cœur pour la grande artiste, car, un beau matin, il se présentait chez des Perrières, avec lequel il était lié depuis fort longtemps.

— Tiens! lui dit des Perrières, quelle agréable surprise, mon cher Edmond, et quel bon vent vous amène?

— Mon cher, je viens vous demander un service et vous prier de me servir de témoin.

— Bien certainement, mais enfin, comment, à peine de retour, déjà une affaire sur les bras?

— Oui, et même une affaire sérieuse. Je viens vous

prier d'aller trouver aujourd'hui même un journaliste dont j'ignore le nom, qui signe L'Angély au *Triboulet,* et de lui demander raison, de ma part, du portrait de Mlle Sarah Bernhardt, portrait qui m'a indigné, ayant pour Mlle Sarah Bernhardt une très vive et très profonde affection.

Des Perrières était fort embarrassé; servir de témoin contre lui-même, il ne le pouvait guère. Il essaya donc de raisonner son ami, en lui faisant observer qu'il n'avait pas qualité pour demander raison, n'étant ni le frère ni le mari de Sarah.

— De plus, ajoutait-il, je connais L'Angély; c'est un garçon énergique, vigoureux, qui vous accompagnera sur tous les terrains, mais en sera désolé, car je sais, de source certaine, qu'il ne voudrait, pour rien au monde, vous être désagréable.

— Alors, riposta Lagrené, si vous le connaissez, ça ira tout seul; levez-vous, habillez-vous et allez le trouver sans perdre un instant.

— Impossible, cher ami; voyons, réfléchissez, je vous en prie; vous êtes diplomate; ce sera d'un effet singulier pour votre carrière de rentrer à Paris juste pour vous battre à propos d'une comédienne.

— Si mon adversaire est un galant homme, ce que vous m'affirmez, nous dissimulerons les motifs du combat.

— Soit, mais Paris ne s'y trompera pas!

— Enfin, vous me refusez! J'irai moi-même. Dites-moi au moins qui est ce monsieur, que j'aille, pardieu, lui apprendre à insulter des femmes!

Des Perrières n'était pas très patient; il y avait une demi-heure qu'il usait toute sa patience à raisonner son ami ; cette dernière phrase vint l'achever. Se soulevant sur son coude, il alluma une cigarette et répondit fort tranquillement à Edmond de Lagrené.

— Mon cher, c'est moi !

Le diplomate fit un bond ; puis, reprenant soudain sa présence d'esprit :

— A tout prendre, tant mieux ! Avec vous, ça ira tout seul. Vous aurez mes témoins aujourd'hui même.

Dans l'après-midi, on se battit à Ville-d'Avray, sur un terrain déplorable, au milieu des bois des Fosses-Repose. Les témoins de Carle des Perrières étaient le baron Harden-Hickey et Bachaumont ; ceux d'Edmond de Lagrené, le comte Basset et Roger de Monclain.

Les deux adversaires mirent l'épée au clair, à moitié enfoncés dans un chemin sablonneux, sous un soleil du diable. Impossible de rompre avec semblable tapis. Des Perrières ne faisait plus d'armes depuis quelque temps, il souffrait d'une maladie de cœur qui était venue arrêter ses exercices d'escrime ; mais, grand, très mince, habitué comme personne à mettre habit bas, c'était le redoutable tireur de terrain que vous savez.

Quant à Edmond de Lagrené, petit, mince, d'une extrême élégance et fort joli garçon, il connaissait à fond les secrets de l'escrime ; souple et léger, il était dans un excellent état d'entraînement : le duel menaçait de durer longtemps.

Effectivement, six reprises et près de trente minutes l'épée à la main, parant et ripostant sur place, Edmond de Lagrené fut touché d'un léger séton au bras droit à la cinquième ; il continua, néanmoins, et à la sixième, un

second coup d'épée lui arrivait entre la première
et la seconde phalange de la main droite, coup
d'épée excessivement douloureux, qui mit fin à la rencontre.

Pendant que l'on bridait le trou fait à la main, à l'aide
du bistouri, E. de Lagrené se tournait vers des Perrières,
et lui tendant la main gauche :

— Voulez-vous l'autre ? lui dit-il.

A peine rentré chez lui, la première personne que des
Perrières trouva dans son salon, l'attendant, c'était E. de
Lagrené, le bras et la main en écharpe, pâle comme un
linge.

— Ah ! ça, cher ami, êtes-vous fou ? Pourquoi n'êtes-
vous pas couché ? Vous savez bien que vous allez avoir un
gros mouvement de fièvre. Ou bien venez-vous me
provoquer une seconde fois ? Ce serait beaucoup.

— Non ; ce n'est pas mon intention. Je viens simplement vous demander une faveur que vous ne me refu-
serez pas après m'avoir ainsi arrangé : un mot de votre
main pour Mlle Sarah Bernhardt.

— Irez-vous vous coucher après ?

— Je vous le promets.

— Alors, bon. J'écrirai tout ce que vous voudrez.

Des Perrières se mit à son bureau, et écrivit à Sarah,
qui ne le connaissait pas, même de vue, quelques lignes
de regrets de ce qu'elle avait pris si vivement une simple
raillerie. Il l'assurait tout banalement de ses sentiments
de respect, et la lettre se terminait par ces mots : Je suis
à vos pieds.

E. de Lagrené l'emporta, ravi. Une demi-heure après,

un valet de pied apportait à Carle des Perrières la réponse de Sarah Bernhardt. Une lettre d'une ligne :

« Je vous pardonne : ne restez pas à mes pieds.

« SARAH. »

M. de Lagréné est aujourd'hui l'un de nos diplomates les plus graves et les plus distingués, et maintenant qu'il mène une laborieuse existence uniquement consacrée à son pays il ne se rappelle sans doute déjà plus de cette époque lointaine.

DUEL CARLE DES P... ET A. M...

A la suite d'un article intitulé : ... *Chand d'habits!* publié par M. Carle des P..., M. A. M... se fâcha et envoya ses témoins, MM. Henri de P... et Georges de H...

Une rencontre au pistolet fut décidée et l'île de Croissy fixée comme lieu du combat.

Pendant le trajet en chemin de fer, de H..., très brave personnellement et qui, quelques années après, attendit très carrément, à dix pas, la balle de son adversaire, le prince Dolgorouky, voulut communiquer à son client le calme qui ne le quitte jamais dans ces sortes d'affaires.

Mais, au lieu de lui tenir des discours réconfortants, il parla de la mort comme remède de tous nos maux.

— Certes, disait-il, la mort vaut mieux qu'une mauvaise blessure, on ne souffre plus, et puis c'est si vite fait et, un peu plus tôt, un peu plus tard, il faut toujours en venir là. — Après quelques variations lugubres sur le thème des Trappistes et comme on traversait la Seine en barque, ne s'avisa-t-il pas de chanter sur un ton sépulcral : *Il est mort* du *Pré-aux-Clercs*, comme font les bateliers qui rapportent aux moines de Chaillot le cadavre du terrible Comminge.

On aborda dans l'île, les adversaires furent placés à *égale distance l'un de l'autre* (comme l'écrivit ce pauvre Nazet), et au commandement de : *Feu!* deux légères détonations se firent entendre.

— Il y a maldonne! dit Carle des P... Mettez donc plus de poudre; il n'y avait rien dans ces pistolets.

Pan! pan! Cette fois-ci Arthur M... roula sanglant sur le gazon. Le docteur L'Étendart examina la plaie qui se trouvait au haut de la cuisse, et comme le blessé lui disait : « Docteur, j'ai été vilipendé comme le dernier des derniers, et voilà que je suis tué, » il lui donna sa parole d'honneur que la blessure n'était pas mortelle.

C'était la première bonne parole que l'infortuné entendait depuis son départ de Paris; aussi lui fit-elle l'effet d'un baume.

Rapporté chez lui, il se coucha et fit demander à un des premiers chirurgiens de Paris de venir lui retirer son projectile de la cuisse.

A cette époque (1868), la chirurgie française était

encore enthousiasmée du succès qu'avait obtenu Nélaton en retirant, de la jambe de Garibaldi, une balle que le premier chirurgien anglais avait déclaré ne pas être dans la blessure. Aussi ne parlait-on que d'instruments perfectionnés pour pratiquer cette sorte d'opération. Mais ce qui manquait le plus, c'était un sujet. Comme bien l'on pense, l'éminent praticien, appelé, ne se le fit pas dire deux fois et il se rendit au chevet du malade avec un tire-balle en acier bleu très solide et quatre internes plus solides encore.

On vissa l'instrument dans la cuisse du patient et, à un signe du maître, deux gaillards empoignèrent M. Arthur M... sous les aisselles et sous le menton pendant que leurs deux autres camarades se pendaient, avec l'opérateur, à la poignée de l'instrument.

— Hardi là! Tirez ferme! Soutenez!

Sous l'influence de cette horrible traction, M. Arthur M... se crut allongé de cent coudées, et le souvenir de Damiens et des bizarres expériences de Procuste lui traversa l'esprit.

Le professeur et ses acolytes tiraient ferme, mais les deux assesseurs n'auraient cédé pour rien au monde. « Mais vous me désossez la cuisse... Mais vous m'arrachez la tête! » hurla le patient que la traction tenait soulevé à un pied en l'air. Cette plainte manqua lui faire couper la langue, car l'un des tortionnaires venait de l'empoigner par le maxillaire inférieur.

L'infortuné ne songeait nullement à tapoter ses favoris et ne pouvait plus rugir que par le nez; et encore, les cinq gaillards, insensibles à ses plaintes, lui auraient

arraché le fémur plutôt que de renoncer à leur opération. Etant donnés cet entêtement d'une part, et de
l'autre la solidité du tire-balle, il fallait un miracle pour
sauver le patient. Dieu, qui avait probablement d'autres
vues sur lui, ne permit pas qu'il mourût dans la peau
d'un petit journaliste. Le miracle eut lieu.

Crac! le tire-balle n'amenant que quelques esquilles,
s'arracha de l'os comme d'un vieux bouchon et le professeur et ses quatre carabins s'étalèrent simultanément
par terre dans des postures non étudiées.

Le chirurgien se releva le premier, et brandissant son
redoutable instrument : — Revissons! s'écria-t-il.

— Jamais de la vie! répondit A. M... J'aimerais
mieux recevoir une seconde balle de mon adversaire que
d'endurer encore un pareil supplice. Merci, messieurs,
je veux guérir seul.

Il dit, et rentra douloureusement la cuisse sous les cou-
vertures.

Son inspiration était bonne, la blessure guérit rapidement et A. M... devint un heureux financier et directeur
d'un journal du matin. C'est lui qui, du haut de la loge
de la reine d'Espagne, lors de la fête des inondés de
Murcie, donna le signal : *Que la fête commence!*

J'ai reconnu l'autre jour le fameux tire-balle chez le
docteur X..., mais je suis sûr que M. M... a dû le revoir
bien souvent dans ses rêves!

Nous avons donné, dans le récit du duel Arthur M...,
le discours peu réconfortant que lui adressa son témoin
en le menant sur le terrain. Cette plaisanterie n'est bonne
qu'entre amis intimes et doués, l'un et l'autre, d'une

forte dose de scepticisme. En ce cas, tout est permis; je
doute pourtant qu'on ait été plus loin que dans le duel
suivant.

M. F. Pizz..., s'étant attiré une affaire avec le commandant X..., choisit pour témoins Armand Br... et
Victor Jacq..., aujourd'hui à Blaye. M. Pizz..., étant
natif de la Havane, ses témoins lui déclarèrent qu'ils
l'assisteraient comme amis; mais que, comme Français,
ils souhaitaient le triomphe du commandant.

Une fois en chemin de fer, M. Pizz... s'allongea sur
la banquette, et ses amis entamèrent quelques séries
d'écarté, histoire de tuer le temps.

— C'est insupportable, dit l'un d'eux, de n'avoir pas
de jetons pour marquer nos points.

— Passons-nous-en pour le moment, répondit l'autre,
mais au retour, comme il est probable que nous rappor-
terons un cadavre justement dans cette position, ajouta-
t-il en désignant les jambes de leur client, nous nous
servirons de ses doigts de pied que nous élèverons ou
abaisserons à chaque point. Chacun aura sa jambe sous
la main, vois comme ce sera commode!

— Parfaitement, répondit Pizz..., en riant, d'autant
plus qu'étant très chatouilleux, cette manœuvre me rap-
pellera peut-être à la vie.

L'expérience n'eut pas lieu, parce que ce fut le commandant qui reçut un coup d'épée.

Je le répète, ces plaisanteries ne sont tolérables qu'en
tre gens blindés par le scepticisme le plus parisien.

DUEL DES PERRIÈRES-GASTON DU LAU

DANS des pourparlers afférents à un duel précédent, certains froissements se produisirent entre le vicomte Gaston du Lau et Carle des Perrières. Une rencontre fut arrêtée. C'était vers juin 1868. Carle des Perrières avait à peine vingt-deux ans, et c'était la cinquième ou sixième fois qu'il allait sur le pré. Le matin même de l'affaire, qui avait subi quelques retards à cause d'une poursuite en correctionnelle pour un duel précédent, que des Perrières avait eu sur les bras, notre confrère vit ses deux témoins, Henry Houssaye et de Coëtlogon, récusés par les adversaires. Ne voulant pas demander un nouveau délai, il prit une voiture et sauta à l'imprimerie du *Figaro,* journal auquel il était attaché à ce moment-là : il y rencontra Fervacques et Nazet, les mit au courant de ce qui lui arrivait et leur donna rendez-vous à tous deux à l'hôtel Houssaye, à une heure juste de l'après-midi : c'est de là que les landaus traditionnels se mirent en route pour Bagatelle. Le marquis d'Hertford avait été prévenu ; les grilles de la propriété s'ouvrirent devant les voitures, et tout le personnel des gardes, chapeau bas, en grand uniforme, se fit un devoir de guider combattants et témoins à travers le parc. Les témoins du vicomte du Lau étaient le prince Joachim Murat et le comte de Biencourt. Le marquis du Lau accompagnait également son cousin sur le pré.

Un rude adversaire que le vicomte G. du Lau ; rompu

DUEL DU LAU-DES PERRIÈRES

Page 26.

aux armes, d'une bravoure éprouvée, d'une courtoisie froide et résolue, c'était un des plus redoutables gauchers que l'on pût rencontrer. L'affaire s'annonçait sérieuse ; le médecin que des Perrières avait amené avec lui, s'avançant vers le marquis du Lau, lui dit :

— Monsieur le marquis, je crois de mon devoir de médecin d'arrêter l'affaire après une première blessure.

— Monsieur le docteur, lui répondit le marquis, nous sommes venus ici pour une affaire sérieuse : nous voulons une blessure sérieuse.

— C'est bien, monsieur, lui répliqua le médecin, vous l'aurez.

Quant aux témoins, ceux de des Perrières, morts aujourd'hui tous les deux, avaient une attitude tout à fait bizarre. Le pauvre Fervacques, amoureux des grandeurs, tout fier de cheminer à côté d'un prince du sang, l'appelait « Monseigneur » et s'inquiétait tout à fait médiocrement de son client ; Nazet, un peu dépaysé en plein Jockey-Club, ne se préoccupait que de ses bottines d'un vernis immaculé et d'une superbe paire de gants rouges qui éclataient au soleil, et dont il n'eût voulu se séparer sous aucun prétexte. Bien braves garçons, mais bien singuliers témoins. Des Perrières, auquel ces petites nuances n'avaient pas échappé, en était un peu gêné, et tout en souriant, se disait, lui aussi, que s'il n'y avait pas quelque grave dénoûment, il allait être ridicule.

On mit habit bas au milieu d'une petite allée ombreuse ; le soleil y pénétrait cependant par intervalles. Épées et places furent tirées au sort entre le prince Murat et Fervacques.

Ce dernier s'avança vers son client ; il était radieux.

— Tu as perdu les épées.

— Ah! fit celui-ci qui serrait la sangle de son pantalon.

— Tu as aussi perdu le soleil.

— Allons, tant mieux! Avec la veine que j'ai, tu aurais pu jouer la lune ; c'eût été le même prix!

Il se plaça donc à l'endroit favorable, essayant de se mettre de côté pour éviter les échappées lumineuses singulièrement gênantes.

Le combat s'engagea, serré, violent, sans ménagement et sans trêve d'un côté ni de l'autre. La première reprise dura cinq à six minutes, pendant lesquelles les épées se heurtaient, faisant des étincelles, mais aucun des adversaires n'avait pu trouver un jour pour passer. Attaqué avec vigueur, des Perrières avait rompu d'un ou deux pas, qu'il avait rapidement repris sur ses ripostes. La seconde reprise les trouva tous deux à la même place.

Pas une faute n'avait été commise d'un côté ni de l'autre et la tenue avait été parfaite.

Dès le début de la seconde reprise, le vicomte du Lau, désirant sans doute en finir par une attaque à fond, amusait son adversaire par des changements d'épée répétés, pendant qu'il rapprochait doucement sa jambe droite pour avoir plus d'allonge et se détendre furieusement; des Perrières le comprit, et, au moment où les deux jambes de son adversaire allaient se rejoindre, il lui passa un dégagement rapide comme l'éclair. Le coup d'épée traversa le biceps d'où jaillit un flot de sang.

Les témoins se précipitèrent; on étendit le vicomte du Lau sur le gazon de la pelouse; l'hémorragie était très violente. Le nerf du bras avait été coupé net. C'est à ce moment que des Perrières s'approcha de son adversaire pour lui manifester ses regrets des froissements qui s'étaient produits.

Les choses se passèrent le plus galamment du monde des deux côtés. La blessure était si grave que, le soir même, des médecins voulaient amputer le vicomte du Lau. Fort heureusement il n'en fût rien.

En revenant à Paris, Nazet, assez joyeux d'un résultat que l'on ne prévoyait pas aussi grave, causait avec des Perrières dans la voiture.

— Enfin, lui disait-il, pendant que tu te battais, qu'est-ce que tu avais donc à regarder toujours de mon côté?

— Mon cher, je ne perdais pas de vue tes gants rouges. Une autre fois, choisis une autre nuance; tu ne t'imagines pas ce que ça tire l'œil!

DUEL DE FEMMES

L E duel entre femmes est chose rare en France, aujourd'hui surtout que la race des Richelieu a disparu. En faisant bien des recherches, nous avons fini par en découvrir un dans la Gironde.

Deux de ces vierges folles, que le *Gil-Blas* désigne sous

le nom charmant de tendresses, ou d'horizontales, se disputaient le cœur et la bourse d'un jeune propriétaire de Bordeaux, le comte de G...é. Celle qui succomba dans cette lutte vint provoquer sa rivale, et, comme toutes deux fréquentaient l'établissement de tir, il fut convenu qu'on se battrait au pistolet.

La rencontre eut lieu dans la forêt de Pessac, et les deux adversaires avaient demandé à leurs témoins de poursuivre la lutte à outrance.

La distance était de vingt pas et on devait échanger deux balles : si ces deux balles n'amenaient aucun résultat, le combat continuerait au fleuret.

Les quatre témoins, qui étaient quatre jeunes gens de la localité, rédigèrent le procès-verbal ci-contre, qui se trouve tout au long dans *le Bordelais* de 1868. On se rendit sur le terrain en voitures découvertes.

A la première balle, Marie M... *dite* Henriette de Saint-P..., ayant été atteinte à la hanche, les témoins mirent fin au combat.

Le parquet s'émut de la chose et des poursuites furent exercées contre les témoins et les combat—tantes, qui furent tous condamnés à quinze jours de prison.

Aujourd'hui, l'une des adversaires habite Paris et ap-partient à un théâtre de genre. C'est une grande belle fille qui cherche à renouveler les exploits d'Adèle Page qui, se trouvant un jour fort scandalisée de la familiarité avec laquelle l'avait traitée un vieux général, lui avait envoyé le lendemain un carton dont elle avait enlevé la mouche à trente pas.

DUEL DE FEMMES, A BORDEAUX

Page 30.

Quant à l'autre, elle a renoncé à l'amour, à ses pompes et à ses œuvres. Elle est mariée et vit très retirée. Elle fait partie des dames de charité de son arrondissement.

Voici le procès-verbal de cette rencontre :

Le quatre mai 1868, à deux heures de relevée, les soussignés réunis pour examiner le différend entre Madame Marie P..., *dite* Henriette de Saint-P..., et Madame Aimée R..., ayant reconnu que tout arrangement était impossible, ont décidé qu'une rencontre aurait lieu comme suit :

Le duel aura lieu au pistolet de tir à vingt pas, deux balles seront échangées le cinq mai, à deux heures, dans la forêt de Pessac.

Les conditions ci-dessus mentionnées ont été soumises aux parties et ratifiées par elles, avec promesse de s'y conformer.

Bordeaux le 4 Mai 1868.

Les témoins de Mme de St.-P. | Les témoins de Mme Aimée R.

HENRI DE G...   ALFRED HUET.
PAUL DE V...   PAUL B...E

N. B. — Comme les parties en cause existent encore aujourd'hui, je crois devoir les désigner par de simples initiales.

DUEL HAUER ET ARCIER

UN duel dont l'issue a été mortelle pour l'un des combattants, eut lieu l'an dernier, au camp de Châlons, entre deux sous-officiers du 25ᵉ d'artillerie.

Pour un motif des plus futiles, MM. Arcier et Hauër se sont battus au fleuret. A la première passe, M. Arcier, atteint à la poitrine, s'écria : « touché », et tomba expirant entre les bras du lieutenant de la batterie, qui assistait au combat, accompagné, suivant le règlement, de l'adjudant-major, du maître d'armes et de deux prévôts.

A ce sujet, nous avons trouvé dans le *Gil-Blas* une lettre adressée à notre regretté ami Emile Villemot donnant tous les détails sur cette malheureuse affaire.

MON CHER CONFRÈRE,

Je viens de lire votre article sur les duels, et bien que je partage de tous points vos idées, vous me permettrez, je l'espère, de faire à la dépêche dont vous avez pris texte, quelques rectifications qui ne portent, d'ailleurs, que sur des points de détail.

MM. Arcier et Hauër, maréchaux des logis à la 13ᵐᵉ batterie du 25ᵐᵉ régiment d'artillerie, se sont bien effectivement battus au fleuret, et comme le dit fort bien la dépêche, pour un motif des plus futiles. La rencontre a eu lieu à Châlons et non au camp.

Si je suis bien informé, voici comment les faits se seraient passés :

Deux ou trois batteries d'artillerie, allant au camp de Châlons ou en revenant, étaient de passage à Châlons. Il est d'usage que les corps de passage dans une ville soient *reçus,* c'est le terme consacré, par les régiments qui y sont en garnison.

Comme il y a à Châlons deux régiments d'artillerie, le 8me et le 25me, chacun d'eux doit recevoir, à son tour, les camarades de passage, et c'était la semaine dernière le tour du 25me.

Il fut question de cette réception, le matin, à la table des sous-officiers de la 13me batterie, et M. Arcier, engagé conditionnel de deuxième année, annonça qu'il ne pourrait y assister, par suite d'une invitation à dîner en ville. Jusque-là, rien que de très correct.

Cependant, le soir, M. Arcier était déjà arrivé à la cantine et se préparait à dîner, quand il vit arriver les invités. Il se leva, plia sa serviette et sortit.

Le lendemain matin, tout naturellement, il y eut, pendant le déjeuner, force récriminations contre M. Arcier, auquel ses camarades reprochaient la maladresse qu'il avait commise en présence d'étrangers, lui surtout qui, en raison de sa fortune personnelle, n'avait aucun motif sérieux de se dérober à une obligation de cette nature.

On échangea des paroles aigres-douces, et M. Arcier, ne sachant trop comment se tirer d'affaire, alla porter plainte à l'adjudant-major de semaine.

Celui-ci l'engagea à demander une satisfaction, et à la réponse faite par Arcier qu'il ne pouvait se battre avec tout le monde, il lui fut répondu qu'il n'avait qu'à choisir un de ceux qui l'avaient attaqué.

Arcier choisit au hasard le plus ancien. Hauër était précisément un de ses meilleurs camarades; ils étaient, dit-on, très liés; leurs familles même étaient en relations.

Le colonel Zurlinden ne put que faire ce que font tous les chefs de corps en pareil cas : autoriser la rencontre.

L'issue en a été fatale, vous le savez.

On devait se battre au premier sang, car l'affaire ne valait pas la peine qu'on allât plus loin.

Hauër fut touché le premier à l'avant-bras, mais comme le sang ne sortait pas, les témoins décidèrent que le combat devait continuer. Inspiration fâcheuse à coup sûr.

A la seconde passe, Arcier, touché en pleine poitrine, s'affaissait et tombait inanimé.

Au premier abord, on fit circuler les bruits les plus extraordinaires. On disait qu'Arcier avait été traversé de part en part, que le poumon droit avait été traversé, etc. C'était un grand malheur, mais dont l'adversaire ne pouvait être responsable; les combattants s'étaient fendus ensemble et s'étaient presque enferrés.

L'autopsie est venue mettre tous ces bruits à néant; elle a démontré que l'épée de Hauër n'avait pas pénétré de plus d'un centimètre, que la blessure n'avait occasionné aucune lésion organique sérieuse, et que la mort instantanée n'avait été le résultat que d'une syncope violente.

Le fait, paraît-il, n'est pas rare.

Et maintenant, mon cher confrère, de ce que la mort n'a pas résulté de la blessure elle-même, s'ensuit-il que les arguments de votre discours restent sans valeur ?

Je ne le pense pas et vous avez, à mon sens, tellement raison, que je ne puis m'empêcher d'ajouter à ceux que vous avez produits une preuve probante.

Je la trouve dans la lettre de faire-part, adressée aux sous-officiers de la garnison de Châlons, dont j'ai un exemplaire sous les yeux :

« Les sous-officiers de la 13ᵐᵉ batterie du 25ᵐᵉ régi-
« ment d'artillerie, ont l'honneur de vous faire part de la
« perte douloureuse qu'ils viennent de faire en la per-
« sonne de

M. ARCIER,

« décédé le....
« *victime des exigences de l'honneur militaire,* et vous
« prient, etc. »

Ce « victime des exigences de l'honneur militaire » est un comble.

Qu'est-ce que l'honneur civil ? Qu'est-ce que l'honneur militaire ?

Nous avions pensé qu'il n'y avait qu'une espèce d'honneur, l'honneur personnel. Et la preuve, c'est que toutes les fois qu'un de nos confrères en reportage annonce qu'une rencontre doit avoir lieu, il ne s'exprime pas autrement qu'en disant : M. X... s'étant trouvé offensé dans son honneur par M. Z..., a constitué des témoins chargés de demander réparation à ce dernier.

Eh bien ! dans ce cas, qui est le cas journalier, qu'il

s'agisse de *pose* ou de *conviction*, comme vous le dites si bien, est-ce que les témoins chargés d'aller s'aboucher avec ceux de M. Z..., diront à ceux-ci : M. Z... nous ayant mortellement blessé dans notre honneur militaire, nous exigeons de lui une réparation éclatante ?

Rien de tout cela, M. X... n'a qu'une sorte d'honneur, son honneur à lui, et ce n'est pas parce qu'il porte habituellement un parapluie ou un sabre qu'il fera une différence entre les injures qui pourraient lui être adressées un jour donné, suivant la manière dont il sera habillé ce jour-là.

Vous avez eu raison de le dire : la loi doit être la même pour tous, et je m'associe de toute mon âme à vos conclusions.

Recevez, etc.

LUCIEN HERMENT.

DUEL EN MUSIQUE

M. Dulaurent de la Barre, s'étant laissé emporter, dans une discussion à l'Opéra, à des vivacités d'expressions trop pittoresques, son contradicteur, M. de Montreuil, s'était mis à l'unisson, et, dans la chaleur de la riposte, sa main avait heurté le chapeau de M. Dulaurent de la Barre. Ce dernier regarda ce choc comme une insulte et en demanda raison.

L'affaire se dénoua dans le bois de Vincennes.

Au moment où les deux adversaires étaient mis en présence, et que M. le comte d'Enval de Malden de la R... prononçait les mots sacramentels : Allez, messieurs ! on entendit tout à coup partir d'un bosquet voisin les sons d'un orchestre, qui exécutait l'air de la *Marche* de *Faust*.

Vous voyez d'ici la tête des témoins et de l'un des combattants.

Les épées se relèvent et, comme il y a suspension d'armes, M. Dulaurent de la Barre explique à ces messieurs que son adversaire, ayant annoncé partout son intention de le tuer, il avait voulu, avant de mourir, entendre pour la dernière fois son morceau favori.

Il était difficile après cela de continuer la lutte ; aussi, la chose ayant été prise du bon côté, les deux adversaires se réconcilièrent, et le soir le grand seize du *Café Anglais* fut en fête.

*
* *

M. Dulaurent de la Barre eut, à quelques mois de là, un duel au pistolet avec M. Charles Maurice, vérificateur des douanes à Paris.

Ce duel, touchant à des raisons privées, nous n'en donnerons que le dénouement.

La rencontre eut lieu le 25 décembre 1866, par un temps épouvantable, à la Malmaison. La distance était de quinze pas et le tir avait lieu au commandement. Au commandement : *feu,* M. Maurice roula sur lui-même et tomba raide mort. La balle l'avait atteint à la tête.

DUEL XAVIER FEUILLANT

ON a vu combien les rencontres furent fréquentes vers la fin du second empire. Le docteur Déclat, qui mit à la mode l'acide phénique, fut mis lui-même à la mode par Grammont-Caderousse, en assistant les combattants sur le pré. Plus tard, vint le docteur L'Étendart, qu'on dérangea tellement de fois qu'il fut forcé d'établir à sa porte une sonnette de nuit. La presse s'en émut, et Chavette, dans un article humoristique où il indiquait les moyens de mettre un terme à des rencontres plus bruyantes que sé-rieuses, proposa deux articles additionnels au code du duel.

Paragraphe 1. — Les combattants auront le droit de tirer sur leurs témoins respectifs.

Paragraphe 2. — Ceux-ci pourront riposter sur le docteur L'Étendart!

Sur ces entrefaites, la guerre éclata; tous les friands de la lame, c'est une justice à leur rendre, partirent tous comme volontaires. L'un d'eux, se voyant refuser par le maire de son arrondissement un permis d'engagement, la loi défendant cet acte après trente ans, s'écria :

— Mais, monsieur le maire, votre loi, je l'ai... dans le dos; est-ce qu'il y a des lois quand le canon tonne? Du reste, si je restais à Paris pendant que les camarades sont à la frontière, les garçons du Helder me cracheraient dans mon absinthe!

Le maire, complètement affolé par ce raisonnement, signa la pièce demandée.

Quant au docteur L'Étendart, il était parti avec ses anciens clients, en qualité d'aide-major de la première ambulance. En faisant son service sous les murs de Metz, il reçut une blessure au genou qui lui ouvrit l'articulation.

Il ne fut pas décoré, mais, de retour à Paris, il eut la consolation de voir que tous ses camarades, moins empressés que lui, avaient le ruban rouge.

Il est actuellement associé d'agent de change, marié et père de famille.

Revenons maintenant à notre sujet, dont une digression anecdotique nous avait un instant détourné. Du reste, en matière d'escrime, l'anecdote adoucit de temps en temps la sécheresse du compte rendu.

C'était en 1866. M. Xavier F... et M. de Beauf..., fils de l'ancien directeur du Vaudeville, quand ce théâtre était place de la Bourse, se rendirent à Saint-Germain pour avoir ensemble une explication régulière en pleine forêt et devant quatre amis. Deux de ces derniers sont morts aujourd'hui : MM. Debelleyme et Viérat. Ce dernier était le neveu du colonel de la garde nationale qui fit crever les tambours au 2 Décembre et affectait des allures plus martiales que celles des vrais militaires. Un jour, en passant une revue de sa légion, il arrive devant un garde décoré pour sa belle conduite pendant les journées de Juin.

— Ah! ah! fit le colonel en prenant l'attitude de Napoléon interrogeant ses grognards, où avez-vous été décoré, mon brave ?

L'interpellé, un financier très farceur, sort du rang,

exécute un *Présentez armes* sonore et précis, et répond :

— A Wagram ! mon colonel.

C'était un peu fort. Aussi un fou rire fit-il éclater quelques ceinturons de la garde civique, et le colonel alla inspecter une autre compagnie.

Revenons maintenant à Saint-Germain et à nos combattants. Comme on avait oublié d'emmener un docteur de Paris, M. F... s'adressa au médecin-major des chasseurs de la garde. Malheureusement, l'élève de Larrey était en train de souffler sur son café et de l'absorber par petites gorgées. Fort dépité d'être dérangé dans un de ces actes qui permettent de supporter l'existence, et comme F... insistait, il répondit qu'il ne soignait que les blessures reçues dans le corps, par les hommes du corps, et non celles de ceux appartenant à d'autres corps ! Cette fin de non-recevoir était claire. Voilà nos deux combattants, suivis des témoins et du valet de chambre de F..., qui parcourent la ville, à la recherche d'un médecin habile ; mais, comme dans la chanson de la *Bourbonnaise*, il ne s'en trouva pas.

Cependant, à la fin, ils rencontrèrent un accoucheur et l'emmenèrent, faute de mieux.

En apprenant, chemin faisant, ce qui allait se passer, le docteur éprouva une frayeur épouvantable et fit un discours sur la barbarie du duel, sur le courage qu'il y avait à reconnaître loyalement ses torts, etc., etc.

Son effarement ne produisait aucun effet sur son auditoire ; alors, s'adressant à Alfonso de A..., qui avait vingt ans à cette époque-là : — Monsieur, dit-il, vous êtes le plus jeune de ces messieurs ; au nom du ciel, et si vous êtes le fils d'une mère chrétienne, arrangez cette horrible affaire !

Alfonso, craignant de passer pour un novice, répondit avec le ton féroce d'un vieux *marchef* :

— On n'arrange jamais une affaire sur le terrain !

L'accoucheur était consterné. Quand les combattants tombèrent en garde, il « conchia » ses chausses.

A la fin, M. de Beauf... allongea à son adversaire un fort coup d'épée dans l'épaule.

— Allons, à vous, docteur ; voici le moment de déployer vos talents et votre trousse ; avez-vous apporté un compresseur ?

— Mais non, je n'ai rien sur moi, j'étais loin de m'attendre à une issue aussi funeste... Oh ! l'horrible blessure !

Et voilà l'accoucheur pris de syncope, qui tombe dans le seul bras valide de M. F... En ce moment, celui-ci fit vœu, si plus tard il devenait riche, de commander à un sculpteur un groupe en marbre reproduisant cette scène avec ce titre : *La Science soutenue par la Maladie.*

On rapporta à Saint-Germain le blessé et le rival de Mme Lachapelle. Un train était en gare, le même compartiment reçut tout le monde. Le docteur, loin de soigner le blessé, s'était blotti dans un coin et suppliait qu'on le laissât partir. Le valet de chambre, ancien prévôt au 2e zouaves, au lieu de s'occuper de son maître, démontrait à l'un des témoins, M. Viérat, ce qu'il aurait fallu faire pour toucher et ne pas l'être. La démonstration s'échauffant, les deux interlocuteurs prirent des cannes, et les voilà s'escrimant au milieu du wagon et se portant des coups dont une partie tombait sur les assistants. Un homme d'équipe était venu avec un seau d'eau et lavait la blessure, aidé par Alfonso qui se couvrait d'une main, ayant déjà reçu dans la bagarre un fort atout sur l'oreille. Quant à l'accoucheur, il était couché en boule sur la banquette, la figure dans ses bras et se défendant avec les pieds. C'était épique !

— Alors, fit l'ancien prévôt, je lie l'épée en septime et vlan ! voyez-vous le coup ?

M. Viérat ne le vit pas ou le vit trop. Il poussa un cri terrible, la canne de son adversaire venait de lui refouler l'œil dans l'orbite.

— Docteur, docteur, vite ! Quel affreux malheur ! Du secours... du secours !

A la vue de cet œil sanguinolent qui gonflait de seconde en seconde, le malheureux accoucheur, qui n'était pas accoutumé à voir des blessures viriles, devint presque fou. Sans prendre son chapeau, il bondit par la portière et se sauva à toutes jambes, poursuivi par les huées de ses clients qui le traitaient de lâche, de gredin, de vétérinaire, et l'accusaient (comble d'injure pour un accoucheur) de pratiquer des manœuvres abortives !

DUEL IZET-BEY ET SPANDONY

LE commandant Izet-Bey, aide de camp de Sa Hautesse le Sultan, était depuis quelques jours à Paris, lorsque fut couru le grand prix de Longchamps de 1882. Depuis son arrivée il se rencontrait à chaque instant, au théâtre, au courses, au cercle, partout en un mot où se rend la gentry parisienne, avec M. Spandony, un gentleman de la colonie grecque de Paris. On sait la haine qui existe entre ces deux nationalités, aussi il était à prévoir que de ces rencontres sortirait une affaire. Cependant, ces deux messieurs ne se connaissaient pas et n'avaient aucune autre raison pour se détester que celle dont je parle plus haut. Tous deux s'observaient, c'est à qui n'attaquerait pas.

Un beau jour cependant la bombe éclata. M. Spandony s'était rendu avec un de ses amis aux courses de Longchamps, il se trouvait dans l'enceinte du pesage, au moment où M. Izet-Bey y pénétrait.

Soit volontairement, soit involontairement M. Spandony bouscula le commandant qui riposta par un soufflet.

— Votre carte, Monsieur, reprit avec le plus grand sang-froid M. Spandony.

Le soir même, le commandant Izet-Bey priait M. X. Feuillant et le marquis Aguado de Las Marismas de demander à M. Spandony une réparation par les armes.

Comme le soufflet donné par M. Izet-Bey constituait l'offense, les témoins de M. Spandony, le marquis de Talleyrand-Perigord et le baron de Vaux réclamèrent la qualité d'offensé pour leur client.

La première entrevue des quatre témoins n'ayant pu avoir lieu rue Miromesnil, au domicile de M. Feuillant, ces messieurs se rencontrèrent chez Bignon, où il fut arrêté qu'une rencontre au pistolet, à vingt pas, aurait lieu le jour même à deux heures, derrière le champ de courses de La Marche. Chaque combattant devait être accompagné d'un médecin.

Les pistolets furent tirés au sort. Le sort favorisa M. Spandony.

Comme le commandant Izet-Bey n'avait pas de pistolets, les quatre témoins se rendirent chez l'armurier Claudin, qui mit sous scellés les deux pistolets choisis, ainsi que la poudre et les balles.

Il avait été convenu qu'une seule balle serait échangée, malgré le désir de M. Spandony, qui avait demandé un échange de trois balles à une distance de quinze pas.

A deux heures les deux landaus se trouvaient devant la grande porte du champ de courses de La Marche.

Mais la concierge, qui flairait un duel, refusa d'ouvrir et de laisser pénétrer personne.

Heureusement que M. Aguado, connaissant le premier cocher de la princesse P..., obtint l'autorisation d'entrer et d'aller jusqu'au château chercher ce serviteur, qui seul avait le droit de lever la consigne donnée à la concierge.

Quelques minutes après les deux landaus entraient dans le parc et les deux adversaires étaient mis en présence.

M. Feuillant, qui avait chargé les armes, commanda le feu.

Seulement, ayant oublié de demander à ces deux messieurs s'ils n'avaient rien dans la poche de côté de leur redingote, il leur adressa cette question après leur avoir remis leur arme.

Le commandant Izet-Bey répondit non. M. Spandony, qui avait gardé son carnet de chèques, répondit oui, et de

DUEL DU COMTE DE MONT... ET DE L'OFFICIER PRUSSIEN VON S...

FRONTIÈRE DE LUXEMBOURG

Page 14.

manière à ne pas quitter la position dans laquelle il était placé, il prit son carnet de la main gauche et le laissa tomber à ses pieds. Mais se souvenant aussitôt que le moindre objet peut servir en cette occasion de point de repère, il plaça son pied droit sur le carnet et, le sourire aux lèvres, il fit signe qu'il était prêt.

Le commandant Izet-Bey fit feu au commandement : un, et M. Spandony tira entre le commandement deux et trois. Aucun des adversaires n'avait été atteint. Le commandant croyant avoir été touché, fut visité aussitôt par les docteurs Danet et Thévenet, qui ne trouvèrent aucune trace de blessure.

DUEL AU SABRE

LE comte de M... appartenait, au moment de la guerre franco-prussienne, à un régiment de dragons. Fait prisonnier à Sedan, il fut emmené à Glogau, où il resta interné pendant toute la durée de sa captivité. Assez mal traité par M. S..., un officier de l'armée allemande, le comte de M... ne songea, à son retour en France, qu'aux moyens de provoquer son insulteur. A cet effet, il donna sa démission et écrivit une lettre des plus injurieuses à l'officier allemand.

M. S... adressa le billet suivant au comte de M... :

« D'après votre insulte, je vous prie de me dire quels sont vos témoins, noms et demeures. »

Le comte de M... s'adressa au comte de H. de Villers et à M. de Berny, ses amis, qui consentirent à l'assister. M. S... choisit deux officiers allemands.

Les témoins se réunirent le surlendemain chez Mme de V..., belle-sœur du comte de M..., pour s'entendre sur le choix des armes et le lieu du combat.

Les officiers allemands proposèrent le sabre, qui fut accepté. Seulement, ils demandèrent que la rencontre eût lieu à la frontière autrichienne. Après bien des discussions, il fut convenu qu'on irait se battre dans le grand-duché de Luxembourg.

Il fut décidé aussi que, pour préserver le visage, on porterait des masques de combat.

Le 5 mars 1872, à deux heures du soir, les deux adversaires, accompagnés de leurs témoins et de deux chirurgiens, se trouvèrent à l'endroit indiqué, situé à deux kilomètres de Luxembourg, à droite de la route, derrière une grande ferme.

Le comte de M... et M. S... quittèrent leurs habits, mirent les masques de combat, prirent les sabres et la lutte commença. Ni l'un ni l'autre des combattants ne tenta des coups de tranchant; tous deux, sobres de grands mouvements, s'attaquèrent par des froissements de lame et de simples dégagements. M. S... finit par fondre sur son adversaire. Le comte de M... paraissait calme et de sangfroid; il reculait en présentant la pointe de son arme. Sa première botte ne put être parée; comme elle arrivait à la poitrine de M. S..., celui-ci la détourna avec le dos de sa main gauche, dont l'épiderme fut légèrement écorché. En rompant, M. S... fit une chute, le comte de M...

n'en profita pas. M. S..., relevé, on revint sur le lieu où le combat avait commencé; on s'en était sensiblement écarté. Au bout d'une dizaine de minutes, M. S... recevait un coup de pointe qui lui traversa le foie, et le comte de M... recevait, dans le haut de la poitrine, un coup de pointe sans gravité qui déterminait une effusion de sang.

M. S..., après avoir chancelé, tomba pour ne plus se relever. Il ne survécut que huit ou dix heures à sa blessure.

LES SUITES D'UN BAL MASQUÉ

LES bals masqués de l'Opéra, que prisait tant l'abbé Galiani, ont toujours eu pour les jeunes femmes un attrait irrésistible. Je parle des anciens bals de l'Opéra et non pas de ceux qui se donnent depuis ces dix dernières années. En 1860, la comtesse de G..., qui était nouvellement mariée, assistait au bal du mardi-gras avec quelques-unes de ses amies. Espiègle, comme toute jeune femme, elle s'amusait à dévisager tous les masques qu'elle rencontrait. Ayant reconnu, malgré son masque, le comte de V... et madame de L..., qui se promenaient bras dessus, bras dessous, à travers la foule, elle les poursuivit en les criblant de plaisanteries. Mᵐᵉ de L..., qui détestait cordialement la comtesse de G..., engageait son cavalier à s'en débarrasser d'une manière ou de l'autre, mais celui-ci, qui ne trouvait rien à reprendre dans les brocards qu'on lui décochait, se donnait bien garde d'écouter sa maîtresse.

La comtesse de G..., que cela amusait beaucoup, continua à suivre les deux amoureux en les talonnant des propos les plus piquants.

Le comte de V..., cédant enfin à sa maîtresse, se retourna et apostropha la comtesse de G... de telle façon que celle-ci crut devoir le nommer à haute voix.

Exaspéré d'être reconnu, le comte saisit le masque de la comtesse et avec une brutalité soldatesque, le lui écrasa sur la figure.

— Je vous tiens, dit alors la comtesse, pour le plus insolent des hommes..... Et moi pour un drôle, ajouta le vicomte de M..., qui vint à passer au moment de la bagarre.

Le mot amena une rencontre; mais, comme la chose avait été colportée et qu'elle était venue aux oreilles du comte de G..., celui-ci demanda à venger lui-même l'honneur de sa femme outragée.

La rencontre eut lieu à la Malmaison à la fin de février. Le comte de G... avait pour témoins M. de B... et le comte de P...; ceux du comte de V... étaient le vicomte L... et le baron de Saint-F.

L'arme choisie était le pistolet de tir, la distance vingt pas et le combat devait durer jusqu'à ce que l'un des deux combattants fût mis hors d'état de continuer la lutte. Le comte de G..., favorisé par le sort, tira le premier, mais il manqua son adversaire; celui-ci en fit autant. On rechargea les pistolets, cette fois ce fut le comte de V... qui tira le premier, mais sans plus de

succès que la première fois ; il en fut de même pour le
comte de G...

Une troisième fois les pistolets furent rechargés, mais
cette fois la balle du comte de G... vint fracasser l'épaule
de son adversaire, qui tomba comme foudroyé.

Le combat prit fin alors, et au moment où le comte
de G... se retirait, son adversaire demanda à lui faire
des excuses.

DUEL SANTA SEVERINA - TAVERNIER

A la suite d'un article paru dans le *Gil Blas*, sous la ru-
brique : CARNET D'UN DÉSŒUVRÉ et signé FRONSAC,
le prince Santa Severina envoya à M. A. Tavernier,
auteur de cet article, deux de ses amis, MM. Nigra et
Cavalieri, pour lui demander une réparation par les
armes.

M. Tavernier se fit représenter par le vicomte de
Lassus et le baron de Vaux. A la première entrevue, les
témoins du prince demandèrent, avant d'engager le
moindre pourparler, à connaître M. Tavernier.

Cette proposition, contraire à tous les usages du duel,
fut repoussée, et comme l'un des témoins, peu familiarisé
avec notre langue, se servait de termes blessants, MM. de
Lassus et de Vaux crurent devoir mettre fin à cette entrevue, en annonçant à ces deux messieurs qu'ils se
réservaient, une fois la première affaire terminée, de

demander au prince réparation des termes dont il venait de se servir.

Au moment de se retirer, l'un d'eux ayant prononcé le mot spadassin, MM. de Lassus et de Vaux informèrent immédiatement M. Tavernier de ce qui venait de se passer ; et comme ils envoyaient à leur tour des témoins au prince de Santa Severina, ils croyaient devoir se retirer.

M. Tavernier s'adressa alors à MM. Nadar, père et fils, qui s'abouchèrent aussitôt avec MM. de Chaboulon, ancien officier de cavalerie, et Marotte, les nouveaux témoins du prince.

Dans le début, le prince, qui avait le choix des armes, avait demandé le pistolet ; mais il fut décidé que la rencontre aurait lieu à l'épée, à la frontière belge.

Ces deux messieurs arrivèrent le soir à Tournay et le lendemain matin, à la première heure, ils mettaient habit bas.

Après un combat de quinze minutes, pendant lequel les deux adversaires avaient fait preuve du plus grand sang-froid, le prince de Santa Severina fut blessé au bras.

La lutte terminée, les bons gendarmes belges survinrent comme les carabiniers d'Offenbach — toujours trop tard. Les combattants n'en furent pas moins condamnés par contumace à six mois de prison.

Le second duel de Tavernier eut lieu avec M. Albert Rogat, du *Pays*. On se battit à *Nogent-sur-Marne*. L'arme choisie était l'épée de combat.

Après une lutte énorme, qui dura une heure quarante minutes, M. Tavernier reçut deux centimètres et demi

M. AD. TAVERNIER

Page 50.

de fer dans l'avant-bras. Le combat, cependant, fut continué sur sa demande expresse. Enfin, après un nouvel engagement, M. Rogat reçut, à son tour, un coup d'épée dans la saignée, qui mit fin à la lutte.

Ont signé le procès-verbal :

Pour M. Albert Rogat : MM. Gaston Jollivet et de Loquessie.

Pour M. Adolphe Tavernier : MM. Paul Nadar et le vicomte de Lassus.

Je vais profiter de l'occasion qui m'est donnée en parlant des deux duels de M. Tavernier, auquel je suis heureux d'avoir servi de parrain dans la presse, pour publier le portrait que trace de lui mon ami Danglemeuse, et comme homme d'épée et comme tireur au pistolet.

Un jeune homme à l'allure militaire, absolument correct dans sa mise, taille moyenne ($1^m,74$) et très bien prise. La tête est fine, petite et régulière, le teint clair, la barbe châtain foncé, taillée en pointe, la moustache relevée sur le coin des lèvres aimablement railleuses. Les yeux sont bruns, mais de ce brun particulier aux marrons qui sortent de leur enveloppe. Le nez est droit, légèrement busqué. Les cheveux sont coupés ras, en harmonie avec la coupe de barbe. En un mot, c'est un type pareil à ceux que choyaient les belles dames de la cour de Henri III.

Avant d'être journaliste M. Tavernier se destinait au barreau, c'est ainsi qu'il se fit recevoir, tout jeune, licencié en droit.

Ses examens furent même très brillants et il serait

peut-être devenu une des gloires de la Bazoche, si un héritage assez considérable n'était venu le mettre en jouissance de *la forte somme*. Alors, chevaux, voitures, les courses, Monaco, Luchon, Dieppe, etc., valsèrent follement autour de lui dans l'emportement des billets de banque, trilles épars sans mesures autres que celles de la ruine, qui termina la danse. Il fallut donc gagner sa vie ; on devint publiciste.

Tavernier débuta dans les colonnes de l'*Opinion publique* et passa ensuite au *Gil Blas*, où, sous le pseudonyme de *Fronsac*, il écrivit, pendant six mois, *le Carnet d'un désœuvré*.

Tous les dimanches, Tavernier se rend à l'Élysée, dont il est un des invités fidèles. Là, dans ses assauts avec MM. Wilson, Aurélien Scholl, Marotte, etc., il se fait remarquer par une grande vigueur, un jugement preste et des allonges d'une grande souplesse. Bref, il fait le plus grand honneur à son maître d'armes, dont il est un des meilleurs élèves.

Je n'ai plus qu'une ligne à mettre sous ce croquis fidèlement estompé.

C'est un excellent camarade.

DUEL ASSELIN SAINT-VICTOR

VOICI ce qui dit le *Figaro* du 9 juillet 1881, au sujet du duel de MM. Asselin et de Saint-Victor :

Vous comprenez facilement l'émotion que l'affaire a produite ici. Chalon-sur-Saône est devenu un petit Paris. L'impression publique est facile à saisir : on plaint unanimement la veuve et la jeune fille de M. de Saint-Victor, si malheureusement tué dans ce duel au sabre, à propos d'une discussion de chasse. C'était un galant homme, un gentleman que ce brave militaire, revenu pauvre de l'armée et qui avait accepté, avec une résignation si noble, le modeste emploi de régisseur des propriétés de la famille de Talleyrand.

Quant à M. Asselin, bien qu'allié à la famille Schneider, si universellement estimée, il est fort antipathique et passe pour un bretteur, un viveur et un inutile. Il n'était certainement pas capable de tout, mais assurément il n'est bon à rien. Je viens de le voir à l'audience, avachi sur le banc, s'empêtrant maladroitement dans de mauvaises raisons. C'est un grand et fort gaillard de vingt-sept ans, qui ne représente pas précisément la jeune France intelligente et laborieuse. Encolure de taureau, teint échauffé, gros yeux fixes, voix de rogomme. M. Asselin doit préférer le champagne à l'eau claire, et cela se voit. Malgré sa réputation de ferrailleur, et je demande pardon du mot, d'*épateur,* il ne m'empêchera pas de faire son portrait exactement. Sa vie se résume en quelques mots :

la chasse à outrance et l'oisiveté à outrance. Si Balzac revenait au monde, il ferait une étude charmante de ce type de rural opulent, bruyant, esbrouffeur et matamore. M. Asselin affecte le *bongarçonisme* et une incorrection de termes que je veux croire cherchée. Il dit : mes témoins ont été *loyals* et, buvant à petites gorgées un verre d'eau pure, avec l'hésitation de quelqu'un qui n'en a pas l'habitude : « C'est moi *que je suis malade,* répète-t-il, j'ai la gorge sèche, je ne peux pas parler. »

M. le président Bernard, qui conduit ces difficiles débats avec une grande distinction, lui rappelle qu'il a été condamné deux fois pour délit de chasse et une fois pour coups. Il lui rappelle également qu'il s'est déjà battu une fois avec un journaliste et qu'il aurait exprimé le regret de ne l'avoir pas tué.

M. Asselin proteste.

Arrivant aux faits mêmes du procès, M. le président poursuit :

Vous êtes lieutenant de louveterie et vous passez pour avoir eu des difficultés de chasse avec plusieurs propriétaires du pays, notamment avec M. le marquis de Mac-Mahon.

R. Je lui ai écrit une lettre à la suite de propos peu convenables qu'il avait tenus sur moi. Il n'a pas jugé que cette lettre fût une lettre de provocation et il n'y a pas répondu.

M. le président donne en effet lecture d'une lettre de M. de Mac-Mahon, adressée à la Cour, et dont voici le passage principal :

M. Asselin m'a écrit une lettre grossière contenant

DUEL ASSELIN ET DE SAINT-VICTOR

Page 54.

une provocation. Le ton de cette lettre m'a dispensé d'y répondre.

M. le président poursuit :

Vous avez eu des difficultés analogues avec M. de Saint-Victor, en sa qualité de gérant des propriétés de la famille de Talleyrand. Au mois d'avril vous auriez fait, sur les terres de cette famille, une battue irrégulière sans prévenir les propriétaires de cette battue.

R. J'étais dans mes fonctions de louvetier, je poursuivais des sangliers qui s'étaient réfugiés sur les terres de Talleyrand. Quand je suis venu pour les débusquer, les gardes qui les avaient fait fuir m'ont, de plus, dressé procès-verbal. J'ai vu là une intimidation et c'est alors que j'ai écrit à M. de Saint-Victor une lettre pour me plaindre.

Ici M. le président donne lecture de la correspondance qui précéda le duel. Voici le texte précis :

PREMIÈRE LETTRE

Monsieur Asselin à Monsieur de Saint-Victor

Creuzot, 4 mai 1881.

MONSIEUR,

Un des gardes des Talleyrand a essayé de m'intimider, vendredi dernier, dans l'exercice de mes fonctions.

Il est impossible que *vos maîtres* vous aient donné des ordres dans ce sens, et je vous mets au défi de produire une procuration spéciale qui justifie l'acte méchant et la mauvaise foi que vous avez commis à mon égard.

Je reste dans les sentiments que vous voudrez.

L. Asselin.

DEUXIÈME LETTRE

Monsieur de Saint-Victor à Monsieur Asselin

Monsieur,

J'ai sous les yeux votre lettre du 4 courant.

Je n'en saisis pas l'utilité; puis le style de la rédaction est dans un langage qui ne m'est pas familier.

Passant sur ce détail, sans importance aussi bien pour Mme la comtesse de Talleyrand que pour moi, arrivons à la question.

Bien que n'ayant pas été réclamée par la propriétaire et par ses fermiers, votre chasse du 29 avril a les apparences d'une battue régulière, sauf avis à la gendarmerie et à l'autorité municipale.

Dans ces conditions (nous le supposons du moins) il se pourra que le procès fait par le garde Digoy ne soit pas poursuivi.

Ceci expliqué, je vous serai obligé de terminer une correspondance dont mon éducation négligée ne me permet pas d'apprécier la finesse.

Recevez, etc.

DE Saint-Victor.

TROISIÈME LETTRE

Monsieur Asselin à Monsieur de Saint-Victor

9 mai 1881.

MONSIEUR,

Il est regrettable qu'une famille aussi respectable que celle des Talleyrand prenne à son service des gens à l'éducation négligée que vous avouez.

Ce défaut d'éducation vous empêche sans doute de comprendre les choses dites à demi-mot.

Aussi, à mon très grand regret, me forcez-vous à mieux préciser, en vous disant que, dans cette affaire, vous vous êtes conduit d'un bout à l'autre *comme un sot et un lâche.*

ASSELIN.

QUATRIÈME LETTRE

Monsieur de Saint-Victor à Monsieur Asselin

Montjeu, 11 mai.

MONSIEUR,

Sans aucun motif avouable, vous bavez sur moi les plus grossières injures.

Pour prendre un droit aussi excessif, il faudrait au moins être pourvu d'une certaine somme d'honorabilité qui vous fait complètement défaut.

Comparez mon existence sérieuse et de travail, avec votre vie inutile et pleine de crapuleuses orgies, et vous verrez que vos insultes ne peuvent m'atteindre.

Si ces paroles sont sévères, elles sont méritées par votre inqualifiable agression.

Vous voulez faire le matamore et le croquemitaine à bon marché, en insultant gratuitement un homme d'une situation si différente de la vôtre. Détrompez-vous encore : j'ai au chevet de mon lit mon vieux compagnon des cuirassiers et, malgré le ridicule d'une pareille rencontre, je ne vous refuserai pas l'honneur de faire sa connaissance. Il a quatre-vingt-dix-sept centimètres de la garde à la pointe.

Mais, remarquez-le bien, si je méprise vos basses insultes, je veux que vous ayez *bien seul* l'odieux et la responsabilité de votre folle conduite, et je vous laisserai le soin de faire les démarches pour une rencontre qui ne m'inspire que du dégoût.

DE SAINT-VICTOR.

Commentant ces diverses lettres, M. le président continue :

Votre première lettre était blessante pour M. de Saint-Victor. Vous affectez de parler de ses maîtres. Vous vouliez l'humilier.

R. Il est certain que je ne voulais pas lui être agréable.

D. M. de Saint-Victor vous a, au contraire, répondu très doucement.

R Mais non, il me persiflait, et puis, au lieu de me

donner une forme polie de salutations, il terminait simplement sa lettre par ces mots : Recevez, et cætera, et
quatre points de suspension. Ces quatre points voulaient
aussi bien dire : recevez des calottes, que : recevez l'assu-
rance de ma considération. J'étais donc provoqué et
insulté par lui. C'est alors que je lui ai répondu en le
traitant de lâche, c'est-à-dire de fourbe, car je n'entendais
pas contester sa bravoure.

D. Mais vous ne lui avez pas envoyé en même temps
votre commentaire du mot lâche. *(Hilarité.)*

R. M. de Saint-Victor aurait pu en tout cas m'envoyer
des témoins. Sur ce mot, il a préféré m'écrire une dernière lettre dans laquelle il parlait de mes crapuleuses
orgies. Sans cette lettre nous nous serions arrangés plus
facilement. *(Mouvement.)*

D. Après cette dernière lettre, vous avez envoyé à
M. de Saint-Victor vos témoins : M. Bouillet et
M. Ronget. M. de Saint-Victor a été très courtois, très
conciliant. Il consentait à retirer sa lettre si vous retiriez
préalablement le mot *lâche*. Vous avez refusé.

R. Si j'avais retiré le mot *lâche*, j'aurais semblé avoir
peur des 97 centimètres de son sabre, et puis j'avais été
insulté le premier par sa formule impertinente : « Recevez », suivi de quatre points. Qu'est-ce qu'il me donnait à recevoir : sa considération ou des gifles ? *(Rires.)*
Une rencontre était donc inévitable. Malheureusement il
m'est arrivé un accident.

M. Asselin semble en vérité croire que c'est à lui et
non pas à M. de Saint-Victor que l'accident est arrivé.
M. le président fait très justement observer :

C'était vous qui aviez insulté le premier. C'était à vous de vous rétracter le premier, au lieu d'exiger des excuses de M. de Saint-Victor. Il aurait retiré après vous tout ce qu'on aurait voulu. Enfin le duel a été jugé inévitable, vous vous êtes battus au sabre.

R. C'est M. de Saint-Victor qui a choisi cette arme. Je n'avais jamais touché de sabre. On a pris des sabres chez des officiers de l'armée territoriale d'Autun.

D. Racontez le duel.

M. Asselin fait avec volubilité le récit suivant :

Voilà. Nous sommes arrivés sur le terrain dans la forêt de Planoise, allée de l'Épousée. Les témoins ont choisi l'endroit. Puis on nous a mis en place. En passant près de M. de Saint-Victor, je lui ai fait un grand salut qu'il m'a rendu. Les sabres ont été choisis par M. Ronget, qui nous a dit : « *Allez, messieurs, faites votre devoir.* » Comme M. de Saint-Victor est très grand et comme il a la main très longue, je me suis tenu à distance, et comme il m'attaquait à fond, j'ai rompu. Je ne m'appliquais qu'à bien tenir mon arme, en me disant : « Mon garçon, toute ta vie est dans ta poigne, voyons voir si tu as de la poigne. » *(Rires.)* A un certain moment j'ai vu le fer de M. de Saint-Victor sur ma poitrine, j'ai fait un battement et j'ai riposté. Je l'ai touché sans voir au ventre. Il a eu encore la force de riposter à son tour et de m'érafler la figure et la main. Puis il est tombé dans les bras de ses témoins. Je voulais lui serrer la main, mais il a perdu connaissance.

M. Asselin, qui est, en somme, plus brutal que méchant, paraît ému autant qu'il peut l'être. Il boit quelques gorgées d'eau en s'asseyant et en répétant : « C'est moi que je suis malade. »

Ses deux témoins sont interrogés. L'un, M. Ronget, est un jeune rentier, chasseur et joyeux compagnon, qui est absolument insignifiant et ne dit rien de curieux.

Le second, M. Bouillet, ancien secrétaire de M. le président Schneider, chevalier de la Légion d'honneur, vieil ami de la famille Asselin, raconte les incidents de sa mission avec une grande abondance de parole :

J'ai fait tout ce que j'ai pu, dit-il, pour arrêter l'affaire. J'ai expliqué officieusement à M. de Saint-Victor, le sens particulier que M. Asselin attachait au mot *lâche,* et je lui demandé de retirer sa lettre injurieuse. Vous voyez que j'ai voulu mettre de la cendre sur le feu. M. de Saint-Victor a exigé que M. Asselin retirât formellement le mot *lâche,* et faute de s'entendre, il nous a mis en rapport avec ses témoins, en exprimant sa volonté de se battre au sabre, comme il en avait menacé M. Asselin. Bien que se jugeant l'offensé, ce dernier a laissé à son adversaire le choix des armes. Quant à moi, jugeant l'arme très dangereuse, j'ai fait venir de Paris deux sabres de combat beaucoup moins terribles que le sabre ordinaire d'officier d'infanterie. J'avais même recommandé à l'armurier d'émousser les pointes et les tranchants.

Malheureusement, M. Asselin a, par inadvertance, touché un des sabres que j'avais commandés, et je n'ai pas osé, par délicatesse, les proposer à M. de Saint-Victor, qui préférait du reste le sabre d'ordonnance.

Cependant, sur le terrain, ayant été averti par des officiers du danger qu'offrait cette arme, j'ai apporté mes sabres de combat émoussés, et j'ai proposé aux témoins de M. de Saint-Victor de les prendre en les faisant essayer par leur ami, ce qui eût rétabli l'égalité entre les adversaires. Ces messieurs ont refusé, jugeant l'incident définitivement vidé depuis la veille. J'ai alors demandé qu'au moins le duel fût arrêté au premier sang.

M. le président donne ici lecture du procès-verbal stipulant les conditions de la rencontre et dont voici les termes :

Procès-verbal des conditions de la Rencontre.

(EXTRAIT)

Article premier. — Sur la demande de M. de Saint-Victor, l'arme choisie est le sabre réglementaire d'officier d'infanterie.

Art. 2. — Chaque adversaire apportera ses armes, qui seront tirées au sort sur le terrain.

... *Art. 6.* — Les témoins se réuniront à six heures du matin, à l'extrémité de l'allée de l'*Épousée,* dans la forêt de Planoise.

Art. 7. — Le combat sera arrêté à la première effusion de sang.

... *Art. 9.* — Sur la demande de chacun des adversaires, il sera accordé des sursis de repos, qui n'excéderont pas cinq minutes...

Extrait du procès-verbal rendant compte de la rencontre.

... Nous constatons qu'au premier engagement, sur un dégagement de M. Asselin, M. de Saint-Victor a reçu

une blessure grave à l'abdomen et qu'aussitôt le combat
a été arrêté, mais que, le coup porté, M. Asselin a reçu
à la joue et à la main une éraflure sans gravité.

Regrettant profondément l'issue de cette rencontre,
nous rendons hommage à la bravoure de ces deux messieurs et nous déclarons que les choses se sont passées
avec la plus parfaite loyauté.

<table>
<tr><td>Pour M. ASSELIN :</td><td>Pour M. de SAINT-VICTOR :</td></tr>
<tr><td>BOUILLET,</td><td>DEVOUCOUX,</td></tr>
<tr><td>RONGET.</td><td>V. BERGER.</td></tr>
</table>

M. Bouillet termine en rappelant que les témoins de
M. de Saint-Victor ont demandé qu'on ne se servît du
sabre qu'à la pointe. Il atteste, sur l'honneur, que M. Asselin a menagé d'abord son adversaire qui, en se fen-
dant à fond sur lui, se découvrait la poitrine. Enfin
M. Bouillet montre un très grand chagrin du résultat de
la rencontre qu'il aurait voulu empêcher pour tout au
monde.

Les témoins de M. de Saint-Victor sont deux braves
gens du pays : M. Verger, clerc de notaire, trente ans,
petit, malingre, très doux et très intimidé, et M. Devoucoux, ancien receveur des postes, cinquante-cinq ans,
physionomie pacifique et fort sympathique. Tous deux
ont accepté, par amitié pour M. de Saint-Victor, un rôle
pour lequel ils n'étaient point faits.

M. Devoucoux voulait arranger l'affaire jusque sur le
terrain : « Vous avez une femme, une fille, répétait-il à
M. de Saint-Victor. M. Asselin veut des excuses avant de

retirer le mot *lâche*, voulez-vous que les fasse pour vous ? »

. M. de Saint-Victor répondit : « Vous voulez donc que je sois la fable du pays ? »

M. Verger désirait qu'on fît venir un maître d'armes, pour parer les coups dangereux. M. de Saint-Victor, ancien militaire, ne voulut pas de cette tutelle humiliante.

Les témoins entendus, M. le président fait appeler à la barre le docteur Gillot, médecin, qui était présent sur le terrain et qui a secouru le blessé. La plaie était à l'abdomen, à gauche, au-dessous des côtes. Elle avait cinq centimètres de largeur, dix-huit de profondeur. Le fer de M. Asselin n'avait été arrêté que par la colonne vertébrale. M. de Saint-Victor fut transporté à la cure de Fragny. Son agonie a duré quatre heures. Sa femme, prévenue, a pu recevoir son dernier soupir.

Un garde particulier rapporte un propos intéressant du piqueur de M. Asselin. Voici ce propos : « Votre maître a un enfant ? — Oui, une fille de douze ans. — Tant pis pour elle ; vous savez qu'il vient se battre avec Asselin et que l'un des deux reste sur le terrain. »

Une dernière déposition assez intéressante est celle de M. Landa, rédacteur du *Progrès de Saône-et-Loire,* témoin d'un de ses confrères, M. Josserand, dans un duel que ce dernier eut avec M. Asselin il y a dix ans. Il s'agissait d'un article qui avait paru à M. Asselin injurieux pour sa mère. M. Asselin, qui tirait en dessous, blessa légèrement son adversaire. M. Landa dépose qu'en revenant de cette rencontre, M. Asselin exprima, devant lui, une sorte de regret de n'avoir pas tué M. Josserand. Le propos est dénié par M. Asselin, qui s'écrie : « C'est un infâme mensonge ! » et par un autre témoin, dont M. Landa invoque l'attestation. M. Landa ajoute que récemment, lors de sa discussion de chasse avec M. le marquis de Mac-Mahon, M. Asselin et son fidèle Achate, M. Ronget, lui apportèrent pour son journal une note qui ne pouvait qu'aigrir le différend, et qu'il refusa d'insérer. Interrogé, M. Ronget refuse de s'expliquer sur l'incident, et M. Asselin répète de nouveau que tout cela est faux.

Avant de laisser la parole à Me Carraby, qui vient prêter son appui à l'infortunée Mme veuve de Saint-Victor, partie civile, M. le président fait passer sous les yeux des jurés les sabres qui ont servi pour la rencontre. Ce sont des sabres d'ordonnance d'officier d'infanterie à fourreau plat et à poignée ouvragée en cuivre. Le sabre de M. Asselin est taché encore du sang de M. de Saint-Victor. A côté, sont les sabres de combat commandés à Paris par M. Bouillet. Ce sont des armes beaucoup moins dangereuses : le fer est moins large et le tranchant en est émoussé.

Après les dépositions, Me Carraby prend la parole au nom de la partie civile. La malheureuse Mme de Saint-Victor est à Chalon, mais son avocat, par un sentiment de délicatesse bien compréhensible, n'a pas voulu qu'elle vînt à l'audience. La famille y est représentée par un frère et un beau-frère du mort.

Le talent ému, chaleureux et si sympathique de Me Carraby, sert toujours à merveille les causes dans lesquelles il faut, avant tout, du cœur. C'était ici le cas. L'avocat de Mme de Saint-Victor n'a même pas fait allusion à la question d'argent; il a imploré la vindicte publique, au nom d'une veuve et d'une jeune fille, contre celui qui les a privées d'un époux et d'un père, et qui a brisé leur bonheur.

Me Carraby met en parallèle M. de Saint-Victor, ce gentilhomme pauvre, non point abaissé, mais grandi par le travail; cet époux modèle, qui avait épousé une femme riche et qui a rendu la dot pour sauver son beau-père d'une crise commerciale; cette famille honnête, dans laquelle il n'y a point, dit-il, de femmes qui aient gagné des millions dans l'impudicité, et en face, il place M. Asselin, oisif inutile, gaspillant dans les plaisirs une fortune qui n'a pas assurément été gagnée par le travail, ne faisant du bien à personne, essayant de s'imposer par la brutalité et la violence, heureux peut-être de ce procès qui le consacre homme d'épée et duelliste redoutable. M. de Saint-Victor a été lâchement assailli et provoqué par lui. Il ne voulait pas se battre, lui, père de famille, n'ayant que son travail. Il ne demandait qu'un arrangement, il eût fait des excuses. M. Asselin, par son attitude insolente et ses exigences, l'a forcé d'aller sur le terrain, et il l'a frappé au ventre, en tirant en dessous, comme il avait déjà tiré dans un duel avec M. Josserand, ainsi que l'avait remarqué le dernier témoin entendu, M. Landa.

Me Carraby est convaincu que bien que le duel dût être arrêté au premier sang, le coup mortel qui a frappé M. de Saint-Victor n'est qu'une riposte au coup qui avait frappé M. Asselin légèrement à la main et à la joue. Il en atteste une parole de M. de Saint-Victor, mourant, et cette parole la voici : « J'avais touché le premier. »

C'était la protestation suprême du blessé contre une violation des règles du combat.

Me Carraby fait un tableau touchant de la dernière soirée passée par M. de Saint-Victor près de sa femme et de sa fille qui ne savaient rien, qu'il embrassait fiévreusement et qui, maintenant, restent désespérées, sans protecteur, sans soutien, sans ressources.

La parole de Me Carraby a produit une grande impression. M. Asselin, qui n'a jamais eu une parole de regret ou de repentir, se décide enfin à manifester un peu d'émotion.

A six heures la parole est donnée à M. le procureur de la République Thibault.

Me Lachaud prend la parole pour M. Asselin. L'illustre orateur est, s'il se peut, supérieur à lui-même. Il déplore avec son client, dit-il, l'immense malheur qui a frappé la famille de Saint-Victor ; mais M. Asselin s'est battu loyalement, et une condamnation serait insensée.

Me Lachaud, voyant qu'il plaide devant un jury de petits cultivateurs, dépeint avec une finesse merveilleuse son client comme un bon garçon, un peu brusque, pas fier, le cœur sur la main, grand chasseur de sangliers qui détruisent les récoltes, mais persécuté par l'aristocratie du pays, dont il dépeuple les chasses, en sa qualité de lieutenant de louveterie.

Arrivant ensuite à l'affaire du duel avec M. de Saint-Victor, l'éminent avocat juge impossible une condamnation s'il s'agit d'un duel loyal, et les jurés ont toujours refusé de punir le duel. Quant à M. de Saint-Victor, sa famille est digne de toutes les sympathies, lui-même était le plus galant homme du monde ; mais enfin, s'il a été traité de lâche par M. Asselin, il a offensé cruellement celui-ci dans sa dernière lettre, en parlant de ses préten- dues orgies « crapuleuses » ; enfin, si M. de Saint-Victor a succombé, il est malheureusement à croire que c'est parce qu'il a choisi le sabre, arme terrible.

Les dernières paroles de Me Lachaud ont été une sorte de haute et affectueuse adjuration à M. Asselin de se sou- venir, de déplorer l'immense malheur dont il a été la cause involontaire, et de profiter pour l'avenir de la ter- rible leçon qu'il a reçue.

Après Me Lachaud, un avocat du pays, Me Aulois, prend la parole pour MM. Bouillet et Ronget, témoins de M. Asselin.

Au nom de MM. Verger et Devoucoux, les braves témoins paisibles de ce pauvre M. de Saint-Victor, un ancien magistrat démissionnaire, M. Nivet, présente quelques observations fort émues, à la fois brèves et substantielles.

A quatre heures du matin, après de chaudes répliques, le jury entre en délibération.

Il revient une demi-heure après, rapportant en faveur des quatre témoins du duel une déclaration d'acquitte- ment et un verdict de culpabilité contre M. Asselin, sur la question de coups et blessures volontaires.

Grande émotion dans le public ! On sait qu'en matière de duel une condamnation est exceptionnelle, et presque sans exemple, lorsque, comme c'est ici le cas, tout s'est passé correctement. Mais le jury a regardé au delà du fameux Code du duel, il a vu d'une part un bravache, un

inutile, un chercheur de querelles d'allemand, et, en face
de lui, deux femmes en deuil. Alors il a condamné le
ferrailleur et le bravache, pour l'exemple, et il a bien
fait.

Mᵉ Tézénas, qui assiste Mᵉ Carraby, se lève et lit, au
nom de Mᵐᵉ de Saint-Victor, des conclusions tendant à
l'allocation de 200,000 francs de dommages-intérêts.

Mᵉ Lachaud intervient et proteste. Une scène assez
vive s'engage entre Mᵉ Carraby et lui.

L'éminent avocat de M. Asselin déclare de nouveau
qu'ayant promis de ne pas discuter la question d'argent,
il se contente d'exprimer, sans commentaire, l'étonnement, la stupéfaction, que provoque en lui l'exagération
du chiffre demandé.

Mᵉ Lachaud s'assied en prononçant le mot de « spécu-
lation. » C'est, dit-il, « le mot du procès. »

Mᵉ Carraby se lève à son tour et, au nom de ses clientes, proteste avec une grande chaleur contre une telle
pensée.

La Cour se retire pour délibérer, et condamne M. Asselin à quatre mois de prison.

Elle alloue à Mᵐᵉ de Saint-Victor 50,000 francs, et
50,000 francs à Mˡˡᵉ de Saint-Victor, sa fille.

Les quatre témoins du duel, M. Bouillet, M. Ronget,
M. Devoucoux et M. Verger, sont mis immédiatement
en liberté.

A la suite de ce procès, Albert Wolff écrivait :

C'est avec une véritable satisfaction que la conscience
publique a appris la condamnation de M. Asselin;
elle était attendue comme un acte de haute justice et

comme une consolation pour la malheureuse veuve de sa
victime. Jamais homme n'a été poussé avec une plus
complète férocité sur le terrain; jamais querelle plus
futile n'a été dénaturée en un combat à outrance par un
ferrailleur. Saint-Victor a été blessé jusque dans les
moelles par les lettres de son adversaire; il ne demandait
pas mieux, lui, que de rendre la rencontre inutile; il est
allé dans la série des concessions jusqu'à l'extrême limite
de ce qu'on peut demander à un galant homme; il a été
conciliant autant que son adversaire s'est montré intrai-
table; le laborieux était pourchassé par l'oisif, comme un
fauve guette un chien de garde; il n'a demandé à M. Asselin que de bien vouloir retirer le mot de lâche qu'il avait
reçu en plein visage, pour faire de son côté toutes les
excuses imaginables. Non qu'il eût peur de son adversaire; on a vu avec quelle bravoure Saint-Victor a affronté
la mort. Mais lui, l'ancien soldat, l'humble, qui envisa-
geait la vie comme une chose sérieuse, comme un devoir
envers sa famille, comme l'avenir de ceux qu'il aimait,
s'était dit sans doute qu'on pouvait verser son sang plus
utilement et dans des circonstances plus graves.

Quant à M. Asselin, il s'est montré féroce et impi-
toyable; il n'a pas pris en considération la vie si honorable de son adversaire qui commande le respect et la
famille du pauvre Saint-Victor qui imposait la pitié. Du
côté de M. Asselin, aucun sentiment humain ni dans les
préliminaires du combat, ni pendant, ni après. L'opinion
publique lui eût néanmoins beaucoup pardonné si, après
avoir tué le mari, il s'était ému de la veuve, s'il avait
essayé non pas de consoler, mais d'atténuer la douleur.

Le riche désœuvré a couché le modeste travailleur sur le sol, après quoi il est rentré chez lui en vainqueur, comme un chasseur qui aurait eu raison d'un sanglier.

De telles mœurs, une si entière cruauté ne trouveront jamais grâce devant la conscience publique. Le courage n'est une vertu que lorsqu'il est au service d'une cause avouable. La bravoure, du reste, qui consiste à donner la mort ou à la recevoir sans émotion, ne saurait être un titre de gloire dans une société civilisée. Le duel, plus particulièrement, n'est digne d'estime qu'autant qu'il reste dans les limites d'une nécessité sociale. En France surtout, avec la vivacité du caractère national et les traditions de l'épée, on perdrait son temps à présenter le duel comme un préjugé; il faut le considérer plutôt comme la suprême sauvegarde de la dignité; toutes les philosophies ne feront pas qu'à un moment donné un galant homme ne soit forcé de mettre son honneur sous la protection de son épée. Voilà pourquoi le législateur s'est constamment trouvé dans l'impossibilité d'édicter une loi utile sur le duel. C'est à la magistrature de distinguer, dans le Code, s'il faut appliquer au duel un des nombreux articles dont elle dispose, ou s'il convient à la justice de garder son bandeau pour ne pas voir les coupables.

Le cas de M. Asselin ne mérite aucune indulgence. On l'a frappé comme on a pu; pour le public, la question palpitante n'était pas de savoir si l'adversaire de Saint-Victor serait condamné à plus ou moins de prison; il tenait surtout à ce que cet homme féroce ne quittât pas le prétoire, absous par le jury, dans la conscience d'un

devoir d'honneur accompli. Il était utile pour nos mœurs
et pour la gloire de notre civilisation qu'on établît une
ligne de démarcation entre l'homme atteint dans son
honneur, qui a le malheur de tuer son adversaire sur le
terrain, et celui qui, à force d'outrages froidement accu-
mulés pour satisfaire ses instincts de férocité, pousse son
adversaire conciliant et prêt à toutes les concessions possibles, sur le terrain, lui met l'arme à la main et le force
à défendre sa vie. La condamnation de M. Asselin, si
petite qu'elle soit, donne cette satisfaction à l'opinion
publique; elle prouve que le jury n'a pas entendu classer
M. Asselin dans la catégorie des duellistes pour qui la loi
se montre justement indulgente; le jury a frappé l'adversaire de Saint-Victor pour bien le distinguer de ceux qui,
par un concours de circonstances fatales, donnent la mort
sur le terrain pour une cause avouable. Il est bon qu'on
ait fait cette distinction pour prouver aux ferrailleurs de
tempérament que le repos des braves gens est au besoin
sous la sauvegarde de la justice. Quant à moi, et en ceci
je me rends certainement l'interprète de tous mes lecteurs, j'ai accueilli le verdict avec une joie profonde.
M. Asselin a maintenant des loisirs pour réfléchir sur
l'austérité de la vie humaine. Il sortira de la prison avec
la conviction qu'il y a encore autre chose que la chasse
au sanglier et à l'homme, et qu'en dehors des témoins, la
conscience publique assiste à tous les duels comme un
suprême arbitre, jugeant en dernier ressort selon la morale
humaine et non d'après les caprices des désœuvrés qui
ne voient pas au delà de la pointe de leur sabre.

UN DUEL AVANT LA LETTRE

C'ÉTAIT dans les les premiers jours de janvier 1874 ou 1875; sept heures du matin sonnaient à peine, quand le docteur Collin fut réveillé par un fort coup de sonnette.

Croyant d'abord à un accouchement précipité, il se leva en maugréant; quelques jours auparavant, un mari inquiet était venu carillonner dans la nuit, pour sa femme sur le point d'accoucher.

L'homme, qui avait carillonné si fortement à la porte du docteur, était Hippolyte Nazet, ce boulevardier si connu, qui fut tout à la fois reporter, journaliste, directeur du théâtre Taitbout et surtout l'ami des belles petites; debout dans le cabinet de Collin, portant sous le bras un pot de fleurs, ressemblant à s'y méprendre à un myrte emmaillotté de papier blanc.

— Quoi! c'est bien vous, Nazet, à pareille heure; viendriez-vous me souhaiter ma fête?

— Point, cher docteur, répondit-il avec cette voix voilée et *légèrement nazillarde*, ressemblant à celle de Grassot, dans la *Mariée du Mardi Gras*.

Je viens vous chercher pour une affaire grave. Aussi je ne doute pas un seul instant que vous ne m'accordiez votre concours désintéressé.

— Voyez plutôt : et développant son faux myrte, il montra deux épées de combat fichées dans le pot de fleurs.

Deux hommes vont s'entr'égorger, et il nous faut votre appui médical.

— Mais encore, pourrai-je au moins connaître la cause de ce duel?

— Trop pressé! Pas maintenant; plus tard! Vous saurez seulement qu'on se bat pour une de mes pensionnaires, qui est en même temps une de vos plus zélées et fidèles clientes.

A huit heures précises, rendez-vous à la gare Saint-Lazare; départ pour la Grenouillère, et vous n'avez pas de temps à perdre.

Surtout, dépêchez-vous!

Le docteur s'habilla précipitamment, et il se trouvait à la gare quelques minutes avant l'heure indiquée.

Là, il fût assez étonné de trouver L. d'A... au bras du comte de St-X..., en compagnie de deux de ses amis.

Après la présentation d'usage, on monta dans le train.

H. Nazet, qui portait toujours son myrte avec un sérieux de jeune premier de théâtre de banlieue, raconta alors au docteur que, la veille, une dispute violente, suivie de soufflets, dans un cabaret à la mode, était la cause du duel.

A une table voisine de la leur, deux Américains, qui avaient reconnu la belle L. d'A.., dînant avec son amant, causèrent bruyamment alors, non de son talent vocal, mais de sa beauté plastique et de sa vertu plus que problématique.

— Parions, dit le premier, avec cet accent exotique qui est si désagréable dans la bouche d'un Anglais; parions qu'elle a le mollet gauche plus fort que le droit, et que vingt-cinq louis auront bien vite raison de ses charmes.

Léa avait tout entendu.

— Insolent, dit-elle, en se levant d'un bond, et montrant du doigt à son amant celui qui faisait si peu de cas de sa vertu et surtout de sa beauté.

— Tu me vengeras, n'est-ce pas, mon adoré ?

Aussitôt le comte se leva et souffleta l'Américain en train de vider son douzième verre de champagne.

Rendez-vous fut pris séance tenante pour le lendemain, à l'île de la Grenouillère.

Les combattants, suivis de leurs témoins, arrivèrent à neuf heures du matin. Le soleil s'irisait sur les branches des arbres recouverts de givre, et la terre blanche de la neige tombée la nuit, semblait donner plus de clarté au ciel d'un bleu d'opale. Descendant le long d'un délicieux coteau, ils se dirigèrent jusqu'au bord de la Seine.

Deux barques les attendaient; elles les transportèrent à tour de rôle dans l'île, car aucun pont n'existe dans ce petit coin charmant des environs de Paris.

La rivière était grosse et charriait d'énormes glaçons qui faillirent, par deux fois, faire chavirer leur frêle esquif.

Bientôt ils abordèrent, et le premier soin fut de chercher un endroit solitaire et propice au combat. Il leur fut très difficile de le trouver, car malgré le froid intense et l'heure matinale, ils étaient dérangés à chaque minute, dans leur recherche, par divers pêcheurs à la ligne qui avaient sans nul doute le diable au corps, pour supposer que le poisson pût mordre à leur piège par un pareil froid.

Enfin, après bien des pas et des contre-pas, Nazet, suivi des autres témoins du comte L... et de son amie, qui ne le quittait pas d'une semelle, trouvèrent un petit bosquet entouré d'arbustes, dont les branches couvertes de neige pouvaient facilement cacher les combattants aux regards indiscrets des pêcheurs à la ligne.

Ce terrain fut accepté des deux parties.

C'est alors qu'il se passa le fait suivant :

Afin que les deux combattants ne pussent glisser et se battre bien à leur aise, la jeune femme, pour qui deux hommes allaient s'entr'égorger, pour son délicieux mollet si contesté, racla avec ses bottines la neige et le givre qui recouvraient le sol durci. Un rapide frisson traversa les moelles des assistants.

Le sort avait désigné les épées que portait Nazet. Les adversaires ôtèrent aussitôt leurs vêtements, et l'Américain, se tournant vers le docteur Collin, lui dit avec son petit accent :

— Faut-il ôter aussi mon gilet de flanelle ?
Par un froid de quatre degrés au-dessous de zéro, vous voyez cela d'ici.

— Non, non ! lui dit le docteur, gardez chacun le vôtre ; une fluxion de poitrine est plus à craindre qu'un coup d'épée.

Les adversaires se mirent en garde : on entendit le cliquetis des épées, et après deux passes qui durèrent bien quelques minutes, l'Américain fut touché au bras droit. Quelques gouttes de sang perlèrent sur sa peau. Cela seul suffit pour arrêter le duel et faire déclarer l'honneur satisfait.

Un léger pansement fut vite appliqué sur la blessure, qui était fort légère.

Les bateliers repassèrent les combattants sur les rives de Chatou. Ils se rendirent au cabaret de *la Pêche Miraculeuse,* où les attendait un succulent déjeuner.

— Tout de même, ça n'est pas ce que j'aurais voulu, dit la petite L..., vidant son dernier verre de champagne ; arrêter un si beau duel après quelques gouttes de sang, ça n'est pas correct, comme dirait mon Russe, mon cher docteur, et je vous en veux beaucoup. Parler mal de l'honneur d'une femme, passe encore, mais médire de ses jolies formes de jambe ! ! !

Cette femme eût voulu sans doute que l'un des deux combattants restât sur le terrain.

La morale de cette histoire est assez drôle pour ne jamais l'oublier. Deux mois après je vis la petite L..., se promenant aux Champs-Élysées, au bras de l'Américain dont elle avait tant désiré la mort.

— Quoi, vous, charmante, avec celui que vous désigniez comme votre plus implacable ennemi ?

— Eh ! que voulez-vous, me répondit-elle, se dandinant amoureusement au bras du noble étranger, en scandant chaque parole, afin que je pusse bien la comprendre :

« Je me croyais une femme incomprise par cet homme et j'ai voulu le tirer de son erreur.

« Nous nous adorons même maintenant. » .   .   ..   .

DUEL DE MM. DE MARÇAY ET ORDIONI

C'EST dans le cabinet du préfet d'Ajaccio que prit naissance le duel de Marçay-Ordioni; mais il n'eut lieu que plusieurs mois après et à la suite de voies de fait qui eurent pour théâtre le Grand Café.

M. Ordioni, maire de Corte, faisait, en faveur d'un de ses parents, candidat à la députation, une propagande telle qu'on aurait pu se croire aux beaux jours de la candidature officielle. Le préfet, qui voulait rester neutre, et qui avait prescrit à tous ses maires de l'imiter, eut avec M. Ordioni une explication à ce sujet.

L'entrevue fut froide, très froide. De chaque côté, on s'observait; les termes étaient vifs, mais courtois. Cependant, à un moment donné, le préfet fut obligé de rompre l'entretien. A partir de ce moment, la guerre était déclarée entre ces deux fonctionnaires.

Quelques mois après, M. de Marçay quittait la préfecture de la Corse et venait habiter Paris.

Un soir, en entrant au Grand Café, il aperçoit à la table, où se trouvaient quelques-uns de ses amis, M. Ordioni, le maire de Corte. A tort ou à raison, M. de Marçay crut voir dans un mouvement que fit M. Ordioni un geste offensant pour lui. Se levant immédiatement, il vint à M. Ordioni et le souffleta. Celui-ci allait riposter, lorsque ses amis s'interposèrent aussitôt pour éviter le scandale. Le soir même, M. Ordioni envoya deux de ses amis, MM. Tabaraud et Ottavioni, un ancien commandant de gendarmerie, demander réparation à M. de Marçay, qui était représenté par le baron de Vaux et M. Bruno.

La première chose que firent les témoins de M. de Marçay, ce fut de revendiquer la qualité d'offensé pour leur client, en se basant sur le mouvement de M. Ordioni qu'ils considéraient également comme une injure. MM. Tabaraud et Ottavioni refusèrent de reconnaître cette qualité puisqu'il y avait eu voies de fait.

Comme ces messieurs ne pouvaient pas arriver à s'entendre, il fut convenu d'un commun accord que l'affaire serait portée devant un arbitre, et l'arbitre choisi fut M. Anatole de la Forge.

Le soir même, M. Ordioni, ayant été reconnu comme l'offensé par l'arbitre, un duel au pistolet fut arrêté pour le lendemain, à la frontière suisse.

On devait se battre à vingt pas et échanger deux balles.

Les deux adversaires, accompagnés de leurs témoins et du docteur Roux pour M. de Marçay, partaient pour Pontarlier, où ils arrivaient le lendemain matin, à cinq heures.

Il faisait un froid noir et la neige tombait à gros flocons. Pour arriver à la ferme des Brennets (frontière suisse), endroit qui avait été fixé pour la rencontre, il y avait encore une dizaine de kilomètres à faire en voiture.

A dix heures précises, les deux landaus passaient devant la douane française et suivaient la route de Neufchâtel jusqu'au petit pont de Verrières.

Les deux voitures s'arrêtèrent et les témoins s'en allèrent immédiatement choisir la place. M. Tabaraud mesura les vingt pas et M. Bruno chargea les armes.

Les places furent tirées au sort et le choix fut donné à M. Ordioni, qui se plaça dans la direction du vent. La neige tombait de plus en plus dru, et l'aspect de ces deux hommes, pleins de courage, complètement vêtus de noir, le pistolet à la main, prêts à s'entre-tuer, avait quelque chose de sinistre qui vous glaçait jusqu'aux moelles.

A quelques pas de là, quelques bergers, regardant ce qui se passait autour d'eux, avec insouciance, chantaient le *Ranz des Vaches*, et, dans le lointain, on entendait la cloche qui appelait les fidèles à la messe.

Le commandant Ottavioni, qui était le plus ancien d'âge, commanda le feu.

— Êtes-vous prêts, messieurs ?

Feu, — une, deux.

A ce commandement, les deux coups partirent ensemble, M. Ordioni roula sur lui-même, en portant la main au bas-ventre.

La balle de son adversaire l'avait atteint au scrotum, en entamant le testicule.

Cette blessure, quoique légère, mettait fin au combat.

M. Ordioni, qui souffrait horriblement, fut ramené à Pontarlier, où le docteur Roux lui donna ses soins.

LES SUITES D'UN DUEL

Sous le règne de Napoléon III, le duel faisait florès dans l'armée ; il était fêté, choyé, encouragé.

Par contre, quand deux simples pékins jugeaient à propos de se rendre sur le pré, on leur appliquait, avec une sévérité et un brio sans pareils, la prison et l'amende, l'amende surtout, conformément à la jurisprudence qui régit la matière.

C'est au commencement de l'année 1870 qu'eut lieu, à La Celle Saint-Cloud, celui que nous allons rappeler.

Les adversaires étaient M. E. L. et un Valaque qui se disputaient les faveurs d'une demi-mondaine, célèbre dans les fastes de la galanterie parisienne, Mlle D. de L.

Le Valaque avait pour témoins deux de ses compatriotes ; quant à M. E. L., il était assisté par deux de nos excellents confrères, MM. Léon C. et Gaston J.

M. E. L. reçut un léger coup d'épée qui l'obligea tout simplement à porter le bras en écharpe pendant quelques jours.

Malgré cela, les deux champions et les quatre témoins passèrent en police correctionnelle et tout le monde fut condamné *solidairement* à deux cents francs d'amende.

Nous insistons sur l'adverbe *solidairement* qui, dans l'espèce, a l'air assez bénin, mais n'a pas moins une très grande portée pour messieurs les gens de lois, comme vous pourrez vous en convaincre par la suite de ce récit.

En dehors de l'amende *solidaire,* MM. Léon C. et J., bien que simples témoins, furent condamnés à huit et quinze jours de prison, en leur qualité de récidivistes en matière de duels.

Il est vrai d'ajouter que la guerre de 1870 étant survenue, ces messieurs n'eurent pas à subir la prison à laquelle ils avaient été condamnés. La magistrature, ayant de très graves préoccupations, passa l'éponge sur cette petite affaire.

Mais le fisc, le terrible fisc, a toujours l'œil ouvert et ne perd jamais ses droits, on le fit bien voir à ces messieurs.

Trois années s'étaient écoulées, et ils ne pensaient plus du tout à cette aventure, lorsque, par une belle matinée de printemps de l'an 1873, vers les cinq heures du matin, M. Léon C. fut réveillé en sursaut par un maître coup de sonnette.

Il alla ouvrir et se trouva en présence de deux arbalétriers, sales comme des peignes, qui, munis d'un mandat en règle, lui réclamèrent 1,200 francs en vertu de la *solidarité* dont nous vous avons parlé.

Il faut vous dire que, depuis l'époque du duel, M. L., navré des infidélités de Mlle D. de L., s'était suicidé; quant aux trois Valaques, ils avaient regagné leurs pénates et se trouvaient à Bucharest; si bien que MM. L. C. et Gaston J. restaient seuls en face du fisc.

M. L. C. possédait ce jour-là, pour toute fortune, 23 fr. 50 qui se promenaient sur sa cheminée; or, les arbalétriers déclaraient que, faute du paiement de la somme de 1,200 francs avant les midi, ils exerceraient la contrainte par corps, en vertu du jugement dont ils étaient nantis.

M. Léon C. ne pouvant raisonnablement se présenter avant huit heures du matin, chez un de ses amis pour lui demander assistance, fut obligé, pendant trois heures, de promener ses deux gardes chiourmes chez divers marchands de vins, pour leur faire prendre patience.

Enfin, il réussit à rencontrer un ami qui lui prêta immédiatement la somme réclamée. Il était temps, car il était arrivé à un degré d'exaspération facile à concevoir. — Lui, l'élégant gentleman que tout Paris connaît, se voir contraint de tenir compagnie, pendant plus de trois heures, à deux infects argousins, le menaçant constamment de l'appréhender au collet, avec leurs mains noires, leurs ongles crochus; c'était à devenir fou de colère.

Or, une scène absolument identique se passait chez M. Gaston J., que deux autres arbalétriers étaient allés pincer à domicile.

Il dut recourir aux mêmes moyens et réussit également à se procurer, chez un de ses amis, la somme réclamée.

Vers les neuf heures du matin, nos deux infortunés se rencontrèrent à la porte de la Préfecture, possédant à eux deux 2,400 francs,

Il leur restait donc à chacun 30 louis pour célébrer leur heureuse délivrance, ce qu'ils s'empressèrent de faire en conviant à un souper exquis quelques intimes.

M. Léon C., encore sous l'impression de ses tribulations du matin, ne put s'empêcher, au dessert, de faire contre le duel une de ces charges à fond, dans lesquelles il excelle, et qui eût été pour *l'Événement* un bijou de chronique.

Il déclara qu'à l'avenir, il refuserait formellement d'être acteur ou témoin dans un duel qui ne serait pas motivé par des faits d'une gravité exceptionnelle.

Et pourtant... je me suis laissé dire que, plusieurs fois depuis cette époque, notre incorrigible ami n'avait pu se défendre, en pareille occurrence, de se mettre à la disposition de ses amis ou de ses adversaires.

Je veux croire que c'est uniquement parce qu'il s'agissait toujours de faits d'une gravité exceptionnelle... A moins que la faiblesse humaine, ou certains préjugés, soient plus forts que nos plus sages résolutions, ce qui est, après tout, bien possible. Je laisse aux graves philosophes le soin d'approfondir *cette importante question.*

VOUS TIREZ BIEN

A l'époque où le général Crespin prit le commandement en chef de l'École de cavalerie de Saumur, il y eut un duel qui fit grand tapage au Ministère de la guerre. Il eut lieu entre le comte de C...res, officier de hussards, et un jeune Espagnol, M. de H..., dont le frère suivait, comme officier étranger, les cours de l'École.

Le comte de C... était d'un caractère agressif et d'une adresse redoutable aux armes. Il avait eu, pendant son séjour en Afrique, plusieurs duels malheureux, aussi était-il vu d'un assez mauvais œil par tous ses camarades.

DUEL A SAUMUR ENTRE OFFICIERS

Page 84.

A la suite d'une partie d'écarté, une discussion s'engagea entre M. de H... et M. de C..., qui la termina brusquement en jetant au nez de M. de H... les cartes qu'il tenait à la main.

Immédiatement une rencontre fut décidée. Elle eut lieu au pistolet, et le jeune homme fut tué.

Le jour des funérailles de ce malheureux, auxquelles tous les officiers de l'École avaient voulu assister, le sous-préfet de Saumur donnait un grand bal. C'était une fête officielle, à laquelle était conviée la population civile et militaire.

Le comte de C... au lieu de s'abstenir, comme c'était son devoir, voulut assister à cette fête, et au moment où il allait franchir le seuil de la sous-préfecture, le frère de la victime se présentait à lui en lui disant: N'avez-vous pas honte de venir au bal le jour de l'enterrement de mon malheureux frère?

— Ma foi, non!

— Eh bien! vous n'y entrerez pas, et sur ce il le souffleta en présence des officiers qui se trouvaient là.

De C... se retira furieux, et sans l'espoir de tuer son adversaire le lendemain, il se serait désespéré. Mais le combat n'eut pas lieu, comme il le pensait.

Le général, qui avait été prévenu de ce qui s'était passé à la sous-préfecture et indigné lui-même de la conduite de M. C..., le fit appeler et, après lui avoir reproché sa conduite, il lui ordonna de garder les arrêts.

Les arrêts terminés, M. de C..., qui avait soif de vengeance, écrivit à M. de H... Celui-ci, malgré la défense du général, s'empressa de constituer deux témoins.

MM. Bocheron, lieutenant de lanciers, et de Saint-F...,
sous-lieutenant de chasseurs, furent chargés de s'aboucher
avec les deux témoins du comte de C..., qui étaient
M. Merlot, du 4me chasseurs, et Royer, du 1er lanciers.

Il avait été décidé qu'on se battrait à l'épée et que la
rencontre aurait lieu sur les bords de la Loire, à un
endroit appelé le *Monopotapa*.

Quoique le secret eût été gardé de part et d'autre, le
général eut vent de la chose, et au moment où les adversaires retiraient leur dolman, le capitaine adjudant-
major Ch., qui a été tué comme lieutenant-colonel pendant la guerre de 1870, pénétrait sur le terrain et donnait
ordre aux officiers de rentrer immédiatement à Saumur.

Le comte de C... fut envoyé à la citadelle avec deux
mois de prison pour avoir cherché à se battre, malgré
l'ordre du général. M. de H... a était mis aux arrêts de
rigueur, ainsi que les témoins et le médecin-major.

Aussitôt après sa peine terminée, le comte de C...
était renvoyé dans son régiment, mais avant de quitter
Saumur il trouvait le moyen de provoquer de nouveau
l'officier espagnol qui, voulant à son tour en finir une
bonne fois, demanda à quitter l'École.

La rencontre eut lieu, mais l'événement du combat ne
fut pas tout à fait ce qu'espérait le comte de C..., car
l'Espagnol lui donna un énorme coup d'épée, dont il
mourut quatre mois après.

En tombant, de C... ne put s'empêcher de dire : Vous
tirez bien !

— Pas mal, comme vous voyez, lui répondit son adversaire.

UN DUEL ASSIS

AVANT d'être atteint de cette maladie douloureuse et singulière, que l'on nomme « l'ataxie loco-motrice, » M. Anatole d'Y... était, à vrai dire, un rude gaillard.

Fils d'un officier supérieur du premier Empire, il fut soumis dès sa plus tendre enfance à tous les exercices physiques.

A sept ans il nageait déjà comme un poisson, à neuf ans on lui mettait un fleuret à la main et à dix ans il pratiquait avec succès le tir au pistolet de salon.

Aussi, à dix-huit ans, c'était un jeune homme grand et robuste, plein d'entrain, avide d'aventures, de première force à l'épée et au pistolet.

Tour à tour marin et soldat, il eut une existence fort agitée et dix duels dont il sortit toujours vainqueur.

C'est son onzième que nous allons donner.

Le mal dont il souffrait et dont la caractéristique est une paralysie des articulations du tibia, l'obligeait à marcher avec beaucoup de difficulté, les jambes écartées, et le mettait dans l'impossibilité absolue de pouvoir ployer les genoux.

Ce que dut souffrir cette nature ardente, ce lion en-chaîné, vous le devinez aisément.

Pour se consoler, il avait organisé un tir au pistolet dans son jardin, faisait rouler son fauteuil en face de l'objectif et consacrait à cet exercice la plus grande partie de son temps.

A quelque temps de là, un médecin lui ayant parlé des eaux des Pitons, à la Martinique, qui, prétendait-il, étaient souveraines contre sa maladie, il obtint un commandement de capitaine en second à bord d'un navire marchand faisant voile pour la Martinique, et, malgré son infirmité, il parvint à faire son service en s'appuyant sur sa canne, lorsqu'il était obligé de marcher.

Il arriva ainsi à la Martinique et commença son traitement, mais son état ne fit qu'empirer.

Découragé et aigri par cette déception, il fut obligé de reprendre la mer et de revenir en France, plus souffrant que jamais.

Pendant la traversée, il avait lié connaissance avec un passager créole qui avait à son service un jeune négrillon portant le même prénom que son maître.

M. d'Y..., que ses souffrances rendaient caustique et grincheux, se livra, à propos de cette similitude de noms, à des plaisanteries qui ne furent pas du goût de notre créole qui, exaspéré, leva la main sur lui.

On les sépara avant l'exécution, mais l'insulte avait été publique; rendez-vous fut pris pour l'arrivée au Havre.

En sa qualité d'insulté, M. A. d'Y. avait la choix des armes.

Il eût été charmé de pouvoir se battre à l'épée, pour donner tout bonnement une petite leçon à ce jeune homme, contre lequel, vingt-quatre heures après l'incident, il ne se sentait animé d'aucun sentiment hostile.

Mais, pouvant à peine se tenir debout, il dut renoncer à l'épée.

Il lui vint alors une idée : se battre au pistolet, assis, à quinze pas.

Après quelques discussions sur ce mode nouveau de régler une affaire d'honneur, sa proposition fut acceptée.

Les témoins placèrent les deux chaises à la distance voulue et de côté, de manière que chacun des adversaires présentait le côté droit.

Au signal un... deux... le jeune créole roulait dans la poussière et restait inanimé.

Les témoins se précipitent, on le croit mort, on cherche la blessure ; on ne trouve rien et, peu après, le pauvre garçon évanoui, dompté par son système nerveux, revenait à lui.

M. d'Y. riait dans sa barbe, car il avait tout simplement cassé avec sa balle l'un des pieds de la chaise, sur lequel un morceau de papier timbré du chemin de fer, préalablement collé, lui avait servi de mouche.

Il était tellement sûr de son tir, dans cette position si gênante pour les gens qui n'en ont pas l'habitude, qu'il avait résolu d'épargner son adversaire et de se borner à lui donner cette preuve de son adresse.

Le jeune créole est aujourd'hui officier de la Légion d'honneur, et il a prouvé, par son admirable conduite pendant la guerre de 1870, qu'il était arrivé à dominer complètement son système nerveux.

Les deux adversaires sont devenus depuis cette époque des amis inséparables.

DUEL DU BARON DE BÉVILLE ET DU PRINCE
DE CHIMAY

A la suite d'un article publié par le *Henri IV*, sous la signature Marie Colombier, une rencontre fut décidée entre M. le prince Alphonse de Chimay et M. le baron Albert de Béville, rédacteur en chef du journal et responsable comme tel.

Le combat a eu lieu dans une des allées du parc de la Malmaison.

L'arme choisie par les témoins du prince de Chimay, en sa qualité d'offensé, était l'épée ordinaire de duel.

Le combat a duré vingt-cinq minutes, partagées en cinq reprises.

Dans les deux premières, les deux adversaires ont été successivement atteints d'une façon à peu près égale.

A la troisième, M. le baron de Béville s'est fendu avec une grande vivacité sur son adversaire.

Le duel a été suspendu et les témoins de M. de Chimay, déchirant la chemise, ont constaté que la lame n'avait fait qu'effleurer la poitrine du prince.

A la quatrième passe, l'épée du prince de Chimay a frappé M. le baron de Béville à la main droite, à travers le gant de combat.

La cinquième reprise a commencé. Un corps à corps s'est produit, pendant lequel M. de Béville a reçu un coup d'épée qui l'a légèrement atteint à la poitrine, et un

DUEL DE BÉVILLE CHIMAY

A LA MALMAISON

Page 90.

autre plus sérieux qui a rencontré la chair un peu au-dessous du sein gauche.

Les témoins ont aussitôt suspendu le combat, et le docteur, ayant constaté pour M. Albert de Béville l'impossibilité absolue de tenir son arme, le duel a été déclaré terminé.

Voici le texte des procès-verbaux qui ont été dressés par les témoins :

A la suite d'un article injurieux pour M. le prince de Chimay, publié par le journal *le Henri IV*, MM. le marquis d'Allen, Jehan Soudan, Alfonso de Aldama et G.-J. de Osma ont jugé une rencontre inévitable entre le prince Alphonse de Chimay et M. le baron Albert de Béville, rédacteur en chef du journal et responsable comme tel, et ont arrêté entre eux les conditions suivantes du combat :

1° L'arme choisie par M. le prince Alphonse de Chimay, en sa qualité d'offensé, est l'épée de duel;

2° La rencontre aura lieu demain mardi, dans les bois de la Malmaison, à midi;

3° Le combat ne cessera que lorsque les quatre témoins, après avoir consulté le chirurgien, déclareront que l'un des adversaires est dans l'impossibilité absolue de continuer.

Paris, le 3 octobre 1881.

Pour le prince ALPHONSE DE CHIMAY :
ALFONSO DE ALDAMA.
G.-J. DE OSMA.

Pour le baron ALBERT DE BÉVILLE :
Marquis D'ALLEN.
JEHAN SOUDAN.

A la suite d'un article publié par le journal le *Henri IV*, une rencontre à l'épée a eu lieu aujourd'hui entre M. le prince Alphonse de Chimay et M. le baron Albert de Béville, rédacteur en chef du journal et responsable comme tel.

Le combat a eu lieu dans le parc de la Malmaison, et a duré vingt-cinq minutes.

A la seconde reprise, M. le prince de Chimay a été légèrement atteint à la joue.

Les troisième et quatrième engagements n'ont amené de part et d'autre que des atteintes trop légères pour faire cesser le combat. A la cinquième reprise enfin, dans un corps à corps, M. de Béville a reçu coup sur coup deux blessures, l'une légère, à la poitrine, l'autre au côté droit. Le médecin, consulté, déclara cette dernière de nature à mettre M. de Béville dans l'impossibilité absolue de continuer le combat.

Les témoins, sur cet avis, ont dû arrêter le duel.

Paris, le 4 octobre 1881.

> Pour le prince ALPHONSE DE CHIMAY :
> ALFONSO DE ALDAMA.
> G. J. DE OSMA.

Pour le baron ALBERT DE BÉVILLE :
Marquis D'ALLEN.
JEHAN SOUDAN.

LE DUEL DICHARD-DE MASSAS

E n juin 1882, une polémique ardente, qui dégénéra en personnalités blessantes, s'était engagée entre les journaux le *Combat,* rédigé par M. de Massas, et le *Petit Caporal,* dont M. Dichard était le rédacteur en chef.

La querelle était si vive qu'à deux ou trois reprises un duel ne put être évité que grâce à l'entremise d'amis politiques communs, qui amenèrent une réconciliation passagère entre les deux adversaires.

Mais, le 26 août dernier, de nouveaux articles, plus violents que les autres, reparurent.

Une rencontre fut décidée.

M. Dichard avait choisi comme témoins MM. Petit-Pierre et Bois-Glavy; ceux de M. de Massas étaient le capitaine Pemjean et le colonel Lehon, remplacé au dernier moment par M. Alessandri.

On devait se battre le 28 août, à trois heures de l'après-midi, dans la forêt de Saint-Germain, avec des épées de combat.

Au jour indiqué, MM. de Massas et Dichard se rendirent à Saint-Germain avec leurs quatre témoins; mais l'autorité avait été prévenue et l'intervention de la gendarmerie empêcha le duel.

Certaines récriminations s'étant alors produites, un jury d'honneur composé de MM. Paul de Cassagnac et Cunéo d'Ornano, députés, fut constitué ; d'un commun accord, connaissance prise des faits et des documents qui lui furent soumis, ce jury déclara que la rencontre devait avoir lieu, et un nouveau rendez-vous, dans des conditions identiques au premier, fut fixé pour le 3 septembre, à Nogent-sur-Marne, dans le jardin d'une maison appartenant à M. Albert Rogat.

Lorsque, accompagnés de leurs témoins et du docteur Court, les deux adversaires furent réunis, le capitaine Pemjean prit la direction du duel.

Le sort avait désigné les épées apportées par M. Dichard ; elles furent vérifiées et remises aux combattants ; après que ceux-ci eurent été mis en face l'un de l'autre dans les conditions réglementaires, le signal fut donné.

M. de Massas prit immédiatement l'offensive, avec une telle fureur que les témoins ne purent suivre les péripéties de la lutte ; au bout de quelques secondes, il s'affaissa, mortellement frappé à la poitrine, et expira presque aussitôt. Il avait auparavant été légèrement blessé à la lèvre.

M. Dichard avait, de son côté, été trois fois atteint, à la tête, à la main gauche et à l'aisselle droite, mais légèrement.

*
* *

A raison de ces faits, MM. Dichard, Pemjean, Allessandri, Petit-Pierre et Bois-Glavy comparurent devant la cour d'assises de la Seine.

M. Dichard, interrogé, donne des explications sur la

DUEL DICHARD ET DE MASSAS

A NOGENT-SUR-MARNE

Page 94.

polémique survenue entre lui et M. de Massas, et déclare qu'après une réunion publique tenue à la salle Martin, à la Villette, M. de Massas lui a dit :

— Si vous continuez, je vous tuerai.

Malgré cela, une réconciliation eut lieu, et M. de Massas donna l'accolade à M. Dichard, mais quelque temps après la polémique recommença, et au mois de septembre le duel eut lieu.

Les deux provocations de MM. Dichard et de Massas se sont croisées, ils ont pensé tous les deux en même temps à se battre. M. de Massas écrivait à M. Dichard : « Il est urgent que nous nous coupions la gorge », au moment même où M. Dichard envoyait ses témoins à M. de Massas.

Quant au duel lui-même, voici comment M. Dichard en fait le récit :

On tira au sort pour savoir ceux qui arriveraient en voiture à Nogent et ceux qui arriveraient en chemin de fer, pour ne pas attirer l'attention. A trois heures, M. de Massas et ses témoins arrivèrent en voiture; le sort me donna la bonne place; il fut décidé, à cause du soleil, qu'on se battrait dans une allée qui longe la maison.

M. Pemjean fut désigné par son âge pour nous donner le signal; je regardai mon adversaire dans les yeux, qui annonçaient une énergique résolution; aussitôt le signal donné, il m'attaqua avec fougue; je reculai. Le pied de M. de Massas heurta contre un petit tas de sable; il se rejeta en arrière et tomba sur ses talons; je baissai mon épée, mais immédiatement M. de Massas se lança sur moi avec une nouvelle fougue; la fureur était peinte dans ses yeux, je compris le danger et je reçus deux blessures que je ne ressentis pas d'abord; je crois cependant que la blessure que je reçus à la main gauche était la seconde.

A un moment, M. de Massas frappa mon épée avec une telle violence que, malgré ma préoccupation de tenir mon arme droite pour me couvrir, je ne pus la maintenir. M. de Massas se fendit à fond et passa à côté de mon corps; j'allongeai le bras et, voulant retirer mon arme, je sentis une résistance; mon épée était entrée dans le corps de M. de Massas et s'était faussée; je venais d'être blessé à l'aisselle.

Les témoins crurent que j'étais seul blessé et se précipitèrent vers moi; mais on vit aussitôt M. de Massas tomber. Les choses se sont passées tellement vite que je ne puis que par induction indiquer chronologiquement comment j'ai reçu les blessures.

M. Pemjean, interrogé à son tour, donne les explications suivantes sur la manière dont le duel s'est passé :

L'allée dans laquelle on s'est battu était un peu étroite, mais suffisante; j'ai recommandé aux adversaires de dire quand ils seraient touchés. Le combat a été si rapide que nous n'avons pas pu nous rendre compte des coups; M. de Massas n'a pas trébuché, il a eu un mouvement en arrière, puis s'est porté de nouveau en avant; le combat a duré à peine soixante secondes. Quand j'ai vu saigner la blessure de M. Dichard, je me suis précipité, et c'est alors que nous avons vu tomber M. de Massas. Je crois qu'il y a eu coup fourré. M. de Massas est mort presque aussitôt. Tout s'est passé loyalement.

M. le Président. — Savez-vous si M. de Massas fréquentait les salles d'armes?

M. Pemjean. — Non, monsieur.

Les autres accusés, interrogés sommairement, confirment ce qui a été dit par MM. Dichard et Pemjean.

Un juré demande si, après la décision du jury, il y eut des pourparlers et des tentatives entre les témoins.

M. Pemjean. — Il n'y a pas eu de tentative de rapprochement à partir de ce moment, le jury d'honneur s'étant prononcé.

M. Petit-Pierre. — Au point où en étaient les choses, et le jury d'honneur ayant prononcé, nous ne pouvions plus rien faire; nous avions auparavant épuisé tous les moyens de conciliation.

Après ces interrogatoires, quelques témoins dont les dépositions n'ont apporté aucun détail nouveau, ont été entendus. M. l'avocat général ayant pour ainsi dire abandonné l'accusation; les défenseurs, Mes Fliche, Arrighi, des Essarts et Lèbre, n'ont point eu à prendre la parole, et le jury a prononcé l'acquittement de tous les accusés.

LE BARON HARDEN-HICKEY

A la suite d'une polémique très vive engagée entre MM. C. Taine, rédacteur en chef de l'*Étoile française,* et le baron Harden Hickey, du *Triboulet,* une rencontre fut décidée entre ces messieurs.

7

Voici le procès-verbal de la rencontre, qui a eu lieu sur la frontière française :

Le combat a duré trente-trois minutes et a donné lieu à cinq reprises.

Le sort avait attribué le choix des épées à M. Taine, et le choix du terrain à M. le baron Harden-Hickey.

A la seconde reprise, les épées ayant été mises hors de service, on a eu recours à celles du baron Harden-Hickey.

A la troisième reprise, M. Taine a reçu dans le haut du bras un coup d’épée.

A la quatrième reprise, M. Taine a reçu au bras un second coup d’épée.

A la cinquième reprise, enfin, M. Taine a reçu à la main une troisième blessure qui a amené l’impossibilité de continuer le combat, prévue par les conditions arrêtées entre les témoins.

Les témoins, en conséquence, ont déclaré la rencontre terminée.

Halluin, le 17 octobre 1881.

P. M. TAINE :	P. M. le baron HARDEN-HICKEY,
DRAGUIN.	Gaston JOLLIVET.
BRACONNIER.	Albert ROGAT.

Voici quelques détails complémentaires sur cette ren-contre.

Le duel a eu lieu exactement entre Halluin et Menier, à onze heures et demie.

L’affaire ayant fait quelque bruit, elle devint bientôt le secret de Polichinelle.

Une galerie de curieux, aussi nombreuse qu'imprévue, entoura les combattants.

La lutte a duré environ 30 minutes. A la cinquième passe, M. Taine était atteint pour la troisième fois, comme nous l'avons dit plus haut.

Ici se place un incident. Des douaniers du roi Léopold ont fait soudain irruption sur le terrain. Panique des combattants et des témoins. M. Harden-Hickey gagne sa voiture à toutes jambes et réussit à échapper à l'autorité indiscrète. Mais M. Taine, ses témoins et ceux du directeur du *Triboulet* ont été arrêtés et conduits chez le commissaire de police, où procès-verbal fut dressé.

Remis immédiatement en liberté, ces messieurs se sont empressés de regagner Paris.

DUEL DE MM. PIERRE ET GIRAUD

D ANS la cavalerie française, les duels sont très fréquents, *chacun sait ça*.

On va sur le terrain pour une expression risquée, pour un regard de travers, pour une futilité.

Du moins, c'est ainsi que les choses se passaient à l'époque où j'en faisais partie, c'est-à-dire, du duel en question.

Par contre, il y avait rarement mort d'homme, à la suite de ces rencontres.

Le maître d'armes était là, pour mettre le holà, quand

les combattants s'échauffaient par trop et n'observaient pas les distances réglementaires.

Ce rôle n'était pas sans péril; c'est en effet, en présidant à l'un de ces duels, que M. Terme, considéré à juste titre comme le plus habile maître d'armes de l'armée (de 1855 à 1869), perdit un œil, par suite de la maladresse et de l'emportement de l'un des combattants, qui le lui enleva avec la pointe de son fleuret, au moment où il s'interposait, pour obliger les adversaires à reprendre leur garde.

Les simples soldats se battaient au sabre de cavalerie, mais les officiers et les sous-officiers avaient la faculté de se servir du fleuret.

C'est en 1860 qu'eut lieu, à Lunéville, le duel que nous voulons rappeler.

M. Pierre était sous-officier au 2ᵉ lanciers, M. Giraud occupait le même grade au 12ᵉ dragons.

La querelle prit naissance dans un café de cette ville.

Les deux champions faisaient tous deux la cour à une charmante brunette de dix-huit ans, qui trônait au comptoir, en sa qualité de fille unique du maître de cet établissement.

Pierre était un grand beau garçon de vingt-quatre ans, à l'air distingué, très brun, aux traits fins et réguliers, à la voix douce et persuasive.

Giraud avait dépassé la trentaine, déjà un peu obèse, les cheveux blonds, clairsemés et frisant la calvitie, la physionomie insignifiante, la parole sarcastique; il n'avait, à coup sûr, aucun des avantages dont s'éprennent les jeunes filles.

Aussi, il n'avait pas tardé à s'apercevoir que la jolie fillette accueillait avec répugnance ses galanteries et réservait à Pierre ses plus doux sourires et ses attentions les plus aimables.

C'était à l'heure de l'absinthe; ces messieurs se trouvaient à la même table, avec plusieurs de leurs camarades.

La première tournée venait d'être absorbée, lorsque Giraud, s'adressant à la demoiselle du comptoir, s'écria tout à coup brutalement :

« Dis donc, la fille, apporte une seconde tournée, et plus vite que ça. »

Cette insulte grossière devait lui coûter la vie.

Pierre se leva aussitôt, affolé, se rapprocha de l'insulteur et le saisissant par l'oreille : « A qui parlez-vous donc, maréchal des logis Giraud? lui demanda-t-il. »

Les deux adversaires étaient blêmes de fureur, on les sépara immédiatement.

Dans de telles circonstances, une rencontre était inévitable.

Cette affaire fit beaucoup de bruit dans cette ville de garnison où résidait la division de cavalerie (4 régiments au grand complet).

L'esprit de corps se mit de la partie, chaque régiment faisait les vœux les plus ardents pour le triomphe de son champion.

Il fut décidé que le duel aurait lieu au fleuret.

Pierre était une des meilleures lames du 2ᵉ lanciers, Giraud était également l'un des tireurs les plus habiles de son régiment.

La première reprise fut brillante de part et d'autre, mais n'amena aucun résultat.

A la seconde, après plusieurs attaques, parades et ripostes habiles mais infructueuses, Pierre, après une feinte seconde, revint sur l'épée de son adversaire avec une prestesse telle, que ce dernier ne put arriver à temps à la parade et fut touché en pleine poitrine.

On emporta M. Giraud ; on le croyait mort, il n'était qu'évanoui.

Mais il ne put jamais se rétablir complètement, étant atteint d'une lésion des plus graves au poumon droit ; quatre mois après il mourut des suites de cette blessure.

— Il avait été nommé officier pendant le cours de sa maladie, ce fut sa suprême consolation.

DUEL DE M. IVAN DE WŒSTYNE

IL était cinq heures du soir.

A un tournant de rue, se heurtent deux jeunes gens, dont chacun était suivi par un chien.

Tous deux portaient l'uniforme de lieutenant d'artillerie.

— Tiens, Fritz ! s'écria l'un.

— Wœstyne ! exclama l'autre.

Et celui-ci tomba dans les bras de celui-là.

Depuis quatre ans, date de leur sortie de l'École d'application, ils ne s'étaient pas vus.

Et tandis que, tout à la joie de se revoir, ils échangeaient de ces chaudes paroles d'amitié dont les cœurs de vingt-cinq ans sont si éloquents, les deux chiens de leur côté faisaient connaissance.

— Le beau griffon que tu as! fit ensuite celui que Wœstyne avait nommé Fritz, et qui n'était autre que le baron Frédéric d'Huart, tué depuis au Mexique.

— Et le joli collier qu'a le tien.

— C'est une invention du sellier de mon régiment; veux-tu le pareil?

— Bien volontiers.

— Donne-moi ton adresse et je te l'enverrai aussitôt mon congé fini.

Wœstyne remit sa carte à d'Huart, qui la glissa dans son portefeuille, et ceci termine le prologue de notre histoire.

Cette histoire, faut-il la conter tout entière?

Elle serait trop longue et ses détails fastidieux pour la plupart de ceux qui nous font l'honneur de nous lire. Qui ne sait ce que font deux jeunes officiers, vieux amis déjà à vingt-cinq ans, et qui se revoient après cinq années de séparation?

Ils dînent. Et en dînant ils boivent; et en buvant ils s'échauffent.

— Je n'ai que vingt-quatre heures à passer ici, disait d'Huart; nous ne nous quitterons pas.

— J'y compte bien. Et comme il faut absolument que j'aille ce soir à un bal costumé chez un pékin de la localité, tu vas m'y accompagner. C'est un ami, je vais lui écrire un mot pour lui annoncer que je t'amène, et

quant au costume, ne t'en inquiète pas; il doit y avoir
chez moi, à cette heure, une douzaine de défroques de
pierrot qui attendent mon choix; c'est convenu avec le
costumier du théâtre, qui me connaît; nous en prendrons
chacun un.

Ainsi fut dit, ainsi fut fait. Et une heure plus tard, les
deux amis identiquement costumés de même, faisaient
leur entrée dans le plus insipide des bals bourgeois.
Minuit n'avait pas sonné qu'ils se retrouvaient devant la
poste, d'Huart disant : « Et bien! il était gai, ton bal », à
Wœstyne qui répondait : « Allons ailleurs. »

On était au mardi gras, jour fameux où toute la population, du haut au bas de l'échelle sociale, se donnait rendez-
vous dans une vaste salle qui comportait à la fois un
théâtre, une salle de spectacle, un foyer et une salle de
concert, le tout bout à bout. C'était immense. Nos deux
pierrots, fortement imprégnés de champagne, n'eurent
pas de peine à se perdre et à perdre la tête, à ce point que
quand Wœstyne fut éveillé par son brosseur, à trois heures
de l'après-midi, non seulement il se trouvait dans son
lit sans savoir comment il y était venu, mais encore dans
son costume de pierrot.

— Où est le lieutenant d'Huart? demanda-t-il.

— Parti, il y a longtemps, répondit l'artilleur, mais il
y a deux personnes qui demandent à être introduites,
voici leurs cartes.

Wœstyne lut les noms; ils lui étaient complètement
inconnus. Pourtant, s'étant levé aussitôt, il passa au salon,
toujours en pierrot, et se trouva devant deux jeunes gens
étroitement serrés dans la redingote noire du témoin.

— Monsieur, dit le plus âgé, nous vous sommes envoyés par notre ami X..., avec qui, la nuit dernière, vous avez eu une altercation suivie de voies de fait, qui vous ont mis complètement dans votre tort; ce qui nous autorise à vous demander des excuses...

Le mot « excuses » éveilla complètement Wœstyne, qui aussitôt continua la phrase :

— ..... Des excuses ou une réparation par les armes; je connais la formule; à quelle heure se bat votre monsieur? Je suis à ses ordres; attendez, j'ai des amis dans la maison, je vais les faire appeler.

Le jeune lieutenant habitait, en effet, une de ces maisons assez communes dans les villes de province où les officiers vivent cinq ou six.

Les témoins mis en rapport, il fut convenu qu'on se battrait sur l'heure, et en arrivant sur le terrain, tout ce que Wœstyne put savoir, c'est qu'on lui reprochait d'avoir fortement giflé son adversaire, qu'il croyait voir pour la première fois et qu'il gratifia d'un maître coup d'épée, après quoi il alla se coucher pour achever le sommeil interrompu par cette aventure.

Tout à fait remis le lendemain, il songea à renvoyer au costumier les deux costumes de pierrot, le sien et celui de d'Huart; il passa dans la chambre où s'était habillé ce dernier et trouva ce mot sur la table :

« J'ai calotté cette nuit un monsieur X..., dont voici la carte. Informe-toi si ses témoins me cherchent et télégraphie-moi. Je pars sans avoir le courage de t'éveiller, suivant en cela le précepte du sage : *N'éveillez pas le pochard qui dort; il rêve peut-être qu'il est ivre. A toi. Fritz. »*

Fritz revint, et quand il fut revenu tout s'expliqua. Personne ne s'était démasqué dans la bagarre et d'Huart, croyant échanger sa carte avec le monsieur qu'il avait réellement calotté, avait donné celle que Wœstyne lui avait remise le matin, pour lui envoyer un collier de chien.

SÉRIE DE DUELS AUX CHASSEURS A PIED

CHACUN sait que le cavalier, grandi par le poulet d'Inde, professe pour le simple fantassin une espèce de dédain. Vanité des vanités!! Quant aux modestes lignards, leur suprême ambition est de faire partie des bataillons d'élite.

Or, les bataillons de chasseurs à pied sont considérés, à juste titre, comme des troupes d'élite par excellence.

Noblesse oblige, aussi sont-ils pénétrés de leur importance et très chatouilleux sur le point d'honneur.

Donc, les duels faisaient rage dans le bataillon de M. J. Voland, l'habile maître d'armes de Lyon, à l'époque où il était aux chasseurs à pied.

A la suite de la guerre de Crimée, des récompenses n'ayant pu être distribuées à tous les braves qui s'étaient distingués, les moins favorisés cherchaient journellement querelle aux décorés, prétendant y avoir plus de droits qu'eux, les traitant de flatteurs, de favoris; de là des rencontres continuelles, quantité de nez endommagés, d'oreilles tailladées ou supprimées, et enfin un duel, suivi de mort, entre deux vieux sergents, dans une rencontre au pistolet, à vingt pas, au commandement.

Le commandant du bataillon s'en émut et résolut de réagir énergiquement.

A quelque temps de là, au rapport, deux sergents-majors ayant demandé à aller sur le terrain : « Accordé, lui répondit le commandant, mais dorénavant le chirurgien-major assistera à tous les duels, on commandera quatre hommes et un caporal avec un brancard, et le duel ne cessera que lorsque l'un des combattants sera *par terre* ; j'enjoins formellement au maître d'armes de veiller et de faire exécuter rigoureusement cette dernière clause. »

Les deux sergents-majors se battaient à l'épée ; l'un d'eux fut touché en pleine poitrine, mais ne tomba pas.

Or, les ordres étaient formels, l'un des deux combattants n'était plus en état de continuer et cependant la discipline exigeait l'obéissance absolue.

Le maître d'armes, fort perplexe, ne savait que faire ; mais le sergent-major valide, comprenant qu'il ne pouvait sans déshonneur croiser de nouveau le fer avec son adversaire grièvement blessé, eut l'heureuse inspiration de s'écrier en s'adressant à son collègue : « Mon cher camarade, j'ai eu tort et je vous fais des excuses. »

En présence de cette attitude, il n'était plus possible d'exécuter les ordres du commandant, les témoins déclarèrent l'honneur satisfait et les deux adversaires se jetèrent dans les bras l'un de l'autre.

Le blessé guérit de sa blessure, et, à dater de ce jour, les duels devinrent extrêmement rares au bataillon, car le commandant, bien qu'enchanté du résultat, avait infligé quinze jours de prison aux deux champions et aux témoins pour n'avoir pas continué le combat, conformément à ses ordres.

*
* *

En 1858, une querelle s'éleva entre des chasseurs à pied et des soldats du 49ᵉ de ligne. Un duel fut décidé entre M. Vanderbeck, prévôt aux chasseurs, et le 2ᵉ maître d'armes du 49ᵉ, désignés pour champions, quoique étrangers à la querelle.

On se rendit dans les bois qui avoisinent le camp de Sathonay, et Vanderbeck désarma cinq fois son adversaire.

A la sixième : « Fais-tu des excuses ? lui dit-il. — Non, jamais. — Eh bien ! je pique. »

La parade de Vanderbeck, au lieu de froisser, fut d'un tac sec, la riposte foudroyante ; et son adversaire reçut un coup d'épée au milieu du sein droit, mais si léger, que l'épée pénétra à moins de deux centimètres (Vanderbeck était gaucher). Ce duel mit fin à la querelle. Chasseurs et soldats du 49ᵉ devinrent frères et eurent le bonheur de combattre et de se prêter un mutuel appui l'année suivante en Italie.

*
* *

Terminons par une anecdote qui nous a été narrée par l'ancien et habile maître d'armes des chasseurs, M. Voland, à l'appui de sa thèse, qu'en matière de duels, il ne faut jamais se croire sûr de la victoire, attendu que les plus forts peuvent être touchés par les plus inexpérimentés.

Un de ses élèves, d'une force remarquable, ne rêvait que duels.

— Moi, lui disait-il, je ne crais rien, car je suis absolument sûr de porter le premier coup, vous avez dû remarquer que je réussis, même avec les plus forts prévôts.

Un jour, il présenta à M. Voland un de ses amis, qui devait se battre le lendemain à l'épée et n'avait jamais de sa vie touché à cette arme.

Le maître lui donna, en tête-à-tête, une leçon de dix minutes et ayant rappelé son élève, le fort, il lui dit : « Veuillez faire tirer monsieur, c'est sérieux, au premier touché, un seul coup. »

Sans réfléchir, voilà le jeune écervelé qui veut porter sa fameuse botte, mais, avant de toucher, il rencontra, en pleine poitrine, l'épée de son adversaire, l'élève de dix minutes.

Cette leçon fut très salutaire au jeune amateur de duels, qui fut guéri pour toujours de ses prétentions.

DUEL DE PÈNE

M. Henry de Pène, actuellement rédacteur en chef du *Gaulois,* avait laissé échapper, à l'époque où il faisait les Echos de Paris au *Figaro,* une phrase qui fit éclater sur sa tête une tempête épistolaire. Il s'en expliqua ainsi : « Je me suis permis, la semaine dernière, d'insinuer que tous les sous-lieutenants n'étaient pas des Brummels. Cette innocente remarque, que tout le monde a pu faire, m'a valu une collection d'épîtres de toutes les couleurs.

« Elle n'effleure pas l'honneur des sous-lieutenants, n'est-ce pas ? » Pas plus que ne périclite l'honneur des lettres quand on dit que les salons du faubourg Saint-Germain ne s'arrachent pas M. Champfleury.

« Le plus spirituel de mes correspondants, M. Félix R..., sous-lieutenant de la garnison de Paris, me répond ainsi : « Vous ne direz jamais autant de mal des sous-« lieutenants qu'ils en pensent eux mêmes, et la preuve, « c'est qu'il n'y en a pas un qui ne brûle de déserter son « grade pour passer lieutenant. »

Les autres correspondants avaient la menace au bout de la plume. — M. Henri de Pène terminait son article en prenant à partie le plus ardent de tous.

Et voici ce que nous trouvons dans l'*Industriel de Saint-Germain,* du samedi 15 mai :

« Une rencontre, dont les conséquences ont été funestes, a eu lieu, hier vendredi, vers trois heures du soir, dans le bois du Vésinet, entre M. de Pène, rédacteur du *Figaro,* sous le pseudonyme habituel de Nemo, et un officier du 9e régiment de chasseurs, en garnison à Amiens. Ce duel avait pour cause un article inséré, la semaine dernière, dans un numéro du *Figaro* et jugé offensant pour le corps en général des sous-lieutenants de l'armée.

« A la première reprise du combat entre M. de Pène

et M. C..., officier, ce dernier a été atteint d'une manière assez grave à l'avant-bras; l'un de ses témoins, M. H..., a cru devoir prendre fait et cause, et quoique les témoins de M. de Pène, MM. de Rovigo et Paira, s'y fussent rigoureusement opposés, une provocation directe de M. H..., le deuxième officier, a rendu le combat inévitable. C'est alors que M. de Pène est tombé mortellement frappé par l'épée de son adversaire. M. le docteur Guérin, de Paris, venu avec les combattants et leurs témoins, a donné les premiers soins au blessé, et, après une saignée qui a apporté quelque soulagement, l'a fait, à l'aide des témoins et ouvriers terrassiers de la forêt, transporter sur un matelas chez le sieur Malfilâtre, aubergiste, près le pont du Pecq. Vers huit heures du soir, le bruit de ce malheureux combat s'étant répandu en ville, M. le commissaire de police et les agents se sont transportés en toute hâte à l'auberge où gisait le pauvre blessé.

« M. de Pène, dans un état des plus alarmants, pouvait difficilement articuler un mot; cependant, malgré ses atroces souffrances, qu'au dire des personnes présentes, il supportait avec un courage héroïque, il a pu, à la question faite par le magistrat et transmise par le docteur, sur la loyauté du combat, prononcer distinctement ces mots : « Le combat a été loyal. »

« MM. les docteurs Le Piez et Laplanche étaient accourus de Saint-Germain apporter le concours de leurs lumières et de leurs soins à leur confrère. On avait fait prévenir Mme de Pène, qui, elle aussi, est venue près du lit de douleur, accompagnée de son frère, officier lui-même dans l'armée. »

Cet article, reproduit par le *Figaro,* était accompagné des lignes suivantes, signées H. de Villemessant :

« L'opinion publique s'est fortement émue de tant de provocations adressées à un seul homme. Il serait injuste de ne pas reconnaître que l'immense majorité des officiers a prouvé par son attitude qu'elle avait jugé l'article, cause de si déplorables malentendus, comme il devait l'être réllement, c'est-à-dire une plaisanterie faite sans aucune intention injurieuse.

« MM. Grangier et de Comminges, officiers aux guides, devaient se rencontrer samedi, à quatre heures, avec M. de Pène. Ces messieurs ont écrit à M. de Rovigo le soir même : « Qu'en présence du malheur qui venait « d'arriver, ils déclaraient se retirer, et qu'ils faisaient « des vœux pour que l'événement n'eût pas de suites « fâcheuses. »

« De nombreux visiteurs inscrivent leurs noms sur les registres déposés au bureau du *Figaro,* à l'administration du journal le *Nord* et chez M. Malfilâtre, au pont du Pecq. »

Au bout de quelques mois, le spirituel chroniqueur du *Nord* était miraculeusement rendu à la vie, à ses amis et à ses lecteurs, pressés de le revoir la plume à la main.

LES DUELS DE ROCHEFORT

C'EST avec le docteur Delvaille, retiré aujourd'hui à Bayonne, que M. Henri Rochefort eut son premier duel. Depuis, on pourrait en citer plus de douze. Je ne parlerai que des plus intéressants.

M. Rochefort était à cette époque-là au *Charivari*. Sous le pseudonyme bizarre de Del'Bricht, le docteur Delvaille avait créé, en 1857, avec quelques amis, le journal *le Gaulois*. C'était un brave petit journal auquel collaboraient Carjat, Hadol, Emile Bayard, Lobrichon, Piot-Normand; Grévin, Gustave Doré lui-même, lui prêtèrent l'esprit de leurs crayons; Ch. Bataille, Amédée Rolland, Octave Lacroix, Gustave Mathieu, J. du Boys, Ernest Blum, Tony Révillon, Ch. Joliet, Perinelle, Claretie, Albert Wolff, Jules Prével, Raymond-Signouret, Adrien Marx, et bien d'autres, l'esprit de leur plume. On n'y faisait pas de politique, mais de la littérature d'avantgarde, vive, légère, convaincue, honnête; c'était le vrai petit journal : il eut de bons moments; il creva bien des personnalités boursouflées, redressa bien des erreurs, rendit aux lettres quelques services.

En juillet 1860, Ponsard donna au Vaudeville une pièce assez plate, qui n'eut que quatre ou cinq représentations : *Ce qui plaît aux femmes*. Rochefort, rédacteur dramatique du *Charivari*, loue la pièce et reçoit de Ponsard une lettre de remercîments, qu'il communique à l'heure du déjeuner, à quelques amis du *Café des Va-*

riétés. Ponsard, reconnaissant des éloges de Rochefort, terminait ainsi sa lettre :

« Je vous remercie de votre bienveillant article sur ma
« pièce. J'en suis d'autant plus touché que j'ai assisté hier
« à la deuxième représentation qui a excité de nombreux
« murmures, pas un applaudissement, et qui a été, au
« dernier acte, une chute complète. »

C'était un vendredi. Le docteur Delvaille était ce jour-là au café. Le *Gaulois* paraissait le samedi, et comme il était chargé du feuilleton dramatique, il crut devoir ajouter à son article qui était déjà écrit en *post-scriptum* la phrase qu'on a lue plus haut.

Le lendemain matin, le *Figaro-Programme* publia une lettre de Rochefort très dure pour le docteur Delvaille.

Cette lettre motiva la rencontre.

On convint qu'on se battrait à l'épée dans les bois de Chaville, le surlendemain mercredi 8.

Les témoins du docteur Delvaille étaient MM. Gaudo-Paquet et Nephthali Mayrargues, peu mêlés aux choses de la presse. Ceux de Rochefort étaient deux hommes d'esprit, ses collaborateurs au *Charivari*, Louis Leroy et Pierre Véron. Il fallait un médecin; on s'adressa au docteur Ch. Fauvel, dont tout le monde connaît le goût artistique et la haute compétence dans le traitement des maladies du larynx.

C'était la première fois que Fauvel assistait à un duel; Il se fit assister d'un de ses collègues d'internat. C'était le docteur Péan, aujourd'hui célèbre.

A leur arrivée à Chaville, les combattants se dirigèrent vers une clairière où il se mirent nus du cou à la ceinture.

M. HENRI ROCHEFORT

L'engagement fut court. Rochefort fut touché légèrement au sein droit. C'était une insignifiante égratignure,
mais l'honneur était sauf.

DUEL ROCHEFORT-CASSAGNAC

P AUL de Cassagnac s'est battu souvent. Il compte
une douzaine de rencontres à l'épée, une au fleuret
avec Lissagaray, une au sabre avec un officier de l'armée
hongroise, trois au pistolet.

Sans en faire une habitude quotidienne, il connaît bien
les armes.

Mais sa supériorité dans la plupart de ses duels vient
surtout de son inaltérable sang-froid; il s'y montre absolument maître de lui-même, et trouve même moyen d'y
décupler ses forces, au lieu de les voir se diminuer par
l'émotion qui gagne les plus braves et les rend parfois
nerveux.

Parmi ceux qui vont sur le terrain, il y a les violents
qui s'emportent, les impressionnables qui s'affaissent;
lui, il est gai. Ça l'amusait et il avouait que cette lutte,
poitrine contre poitrine, lui donnait des joies incompa-
rables.

Seulement, il avait horreur du froid et les duels d'hiver
lui semblaient profondément désagréables. Volontiers, il
eût remis l'affaire à l'été, en vrai créole qu'il est.

Pourtant son duel avec Rochefort tomba dans la mauvaise saison.

C'était en janvier. Cassagnac en était consterné. Voici comment cela se passa :

Il y a déjà de cela des années, Cassagnac débutait au journal *le Pays*.

Rochefort, dans un article, avait jugé sévèrement la mémoire de la reine Marie-Antoinette.

Or, Cassagnac était amoureux de cette morte.

Il y a des amoureux des mortes : Victor Cousin, Sainte-Beuve, de Goncourt, Imbert de Saint-Amand sont de ceux-là.

Cassagnac répondit par un article fort vif.

Rochefort envoya des témoins. C'est en vain que Théodore Barrière, Noriac et Ponson du Terrail, amis communs des deux jeunes journalistes, essayèrent d'enrayer l'affaire.

Elle devait avoir lieu. On partit pour la Belgique.

Les gendarmes belges arrêtèrent une partie de l'expédition, et il fut impossible de se battre là-bas.

On rentra en France, par le premier train; des voitures attendaient à la gare du Nord et on mit pied à terre dans le premier champ venu, sur la route de Saint-Denis.

Il neigeait à gros flocons.

Rochefort, qui est essentiellement courageux, est un homme de premier jet.

L'attente lui est mauvaise, elle l'énerve.

Aussitôt arrivé, il jette son chapeau, ses gants, son pardessus et il marche fiévreusement.

Naturellement il se gèle.

Cassagnac, plus pratique, se tient au chaud, pendant que les témoins improvisent une tente avec les cannes et les paletots, afin de pouvoir charger les armes à l'abri de la tempête.

On met les adversaires à vingt-cinq pas.

C'est le regretté Charles de Puyferrat, mort d'une manière si tragique il y a trois ans, qui donne à Cassagnac son pistolet.

Celui-ci dit froidement : « Tu vas voir, je vais lui mettre ma balle à la ceinture; son habit, que le vent agite, me sert de point de mire. »

Au signal donné, les deux coups de feu retentissent et Rochefort roule dans la neige.

La balle de son adversaire avait fait mouche à l'endroit indiqué.

On s'approche, le croyant mort, et le médecin, stupéfait, retire de la ceinture du pantalon une médaille de la Vierge, qu'une femme, une amie, y avait mise, à l'insu de Rochefort.

La médaille était trouée, et la balle avait roulé le long des reins, au lieu de traverser le corps de part en part.

Rochefort avait échappé miraculeusement à la mort, c'est le cas de le dire.

Le lendemain, Louis Veuillot, faisant allusion au fameux sonnet à la Vierge que Rochefort fit jadis couronner aux jeux floraux, écrivait ces lignes : « La Vierge vous devait cela, monsieur Rochefort; mais prenez garde à l'avenir, car vous êtes quittes désormais. »

Le dernier duel au pistolet de Cassagnac a eu lieu avec M. Andrieux, député, préfet de police.

M. Andrieux s'en est sorti également par un heureux hasard, car, sans être un tireur extraordinaire, Cassagnac a une effroyable sûreté de main.

Ce n'est qu'au moment où il prenait son arme, que ses témoins l'avisèrent que le duel avait lieu au commandement, de bas en haut.

Or, il n'avait jamais tiré que de haut en bas. Sur le signal, il oublia le changement intervenu dans le tir, ajusta son adversaire en baissant son pistolet, et ce n'est qu'au moment où il allait envoyer sa balle, qu'il se souvint des conditions, eut le calme inouï de baisser son arme de nouveau, et il n'eut que le temps de tirer à la volée, sans avoir eu celui d'ajuster, tout cela avant que les *une, deux, trois* eussent été écoulés.

Et il ne regrette pas ce contre-temps. Cassagnac n'a pas de haines.

Il se bat sans colère, parce qu'il le faut.

Et si cela ne l'ennuie pas outre mesure, il a le mérite de n'avoir jamais cherché une querelle.

Il a gardé les meilleures relations avec ses anciens adversaires, avec Scholl, avec Ranc, avec Lockroy, avec Andrieux.

Et il nous disait, que son plus grand plaisir serait de leur rendre service un jour, ajoutant : « J'ai la coquetterie de mes adversaires et je n'aime pas qu'on me les diminue. »

Maintenant le voilà marié, père de deux ravissants garçons.

La politique commence à le lasser. Depuis la mort du Prince impérial, il n'est plus guidé que par le devoir. On sent que l'entrain n'est plus le même chez lui.

Il est heureux dans son intérieur, il travaille, il chasse comme un enragé, tire merveilleusement la plume ou le poil, abat ses trois mille pièces par an, et n'est jamais plus heureux que lorsqu'il a l'occasion de passer une bonne journée dans les bois, avec un joyeux compagnon, qu'il soit royaliste ou républicain.

Il est fier de l'estime de ses adversaires politiques.

Les duels ne lui apparaissent plus que comme de bonnes fortunes d'un autre âge.

Il faudrait peut-être des efforts pour le décider aujourd'hui à marcher.

Mais peut-être aussi ne serait-il pas prudent d'essayer.

Qui a bu boira.

Et la folie de l'épée, quand on l'a possédée, est une maladie terrible, dont on ne guérit jamais complètement.

Souvent, il faut peu de chose, chez Cassagnac et chez bien d'autres que nous connaissons, pour réveiller l'épée qui dort.

DUEL ROCHEFORT-BAROCHE

LE duel dont nous allons parler est un peu oublié des contemporains, mais il n'en est pas moins intéressant, surtout à cause de la personnalité des adversaires.

Baroche, le fils du célèbre ministre de la justice de Napoléon III, était alors un jeune homme distingué, fort en escrime et d'un courage incontestable : sa mort à l'attaque du Bourget l'a suffisamment prouvé.

Rochefort, l'aimable chroniqueur, devenu le farouche lanternier, à cause des tracasseries politiques du néfaste Pinard, tout comme le doux professeur G. Flourens devint républicain militant à la suite d'une injustice de l'Impératrice, Rochefort, disons-nous, tenait à la disposition de ses adversaires une épée qu'il maniait du reste beaucoup moins bien que sa plume.

Toutes les semaines, une nouvelle *Lanterne* faisait hurler, comme des diables, des gens habitués jusqu'alors à l'impunité. Et la bourgeoisie, toujours heureuse de donner une leçon au pouvoir, payait jusqu'à cent sous (la prodigue!) les numéros saisis.

Un matin, Rochefort empoigna le ministère et le fustigea d'une façon sanglante. Il disait, entre autres douceurs à M. Baroche, que, s'il se croyait un bon ministre de la justice, il devrait commencer par faire arrêter son fils, compromis dans les tripotages de Mirès.

Les autres ministres avaient chacun un joli lot de couleuvres à avaler.

Le fils Baroche provoqua Rochefort à cause de cet article, et les adversaires partirent en Belgique.

Les témoins de M. Baroche étaient MM. de Luynes et Adolphe Belot. Ceux de Rochefort étaient MM. Charles et François Hugo. Ils se réunirent chez Victor Hugo, exilé à Bruxelles, où il avait élu domicile, place des Barricades.

Il fut décidé que le duel aurait lieu à l'épée, sur la frontière hollandaise, et que l'on se servirait des épées du baron Antonio d'Ezpeleta.

M. Baroche fils était réputé comme tireur de première force à l'épée; malgré cela il reçut successivement de son adversaire cinq coups d'épée, un à chaque reprise; et ce n'est qu'à la dernière, qu'ayant eu la cuisse traversée, il tomba à genoux et que le combat prit fin.

Quant à M. Henri Rochefort, il eut tout simplement le bras légèrement éraflé.

M. Baroche fut transporté à Gand, à l'hôtel de la Poste, où il dut garder le lit pendant un grand mois : — Par un hasard singulier, quelques instants après son installation, Rochefort descendait dans le même hôtel pour y passer la nuit.

La population gantoise ayant appris les circonstances du duel et son issue, se transporta en foule à l'hôtel de la Poste en criant : « Vive Rochefort! A bas Baroche! »

M. Rochefort eut toutes les peines du monde pour mettre fin à cette manifestation intempestive, en raison de l'état inquiétant de son adversaire.

M. Baroche ayant appris ces circonstances, ne put s'empêcher de dire :

« Je me suis battu pour des hommes que je n'estimais pas, mon père excepté, avec un homme que j'estime infiniment. »

C'est le duc de Hamilton qui apprit à Victor Hugo, qui se trouvait ce jour-là à Spa, l'issue du duel.

Le docteur X..., proscrit de 1851, qui assistait les combattants, est mort à Paris l'an dernier.

Ce duel démontre une fois de plus que les forces en
escrime s'égalisent sur le terrain. Le sang-froid, le courage, l'à-propos viennent contre-balancer la science d'un
adversaire, à moins, bien entendu, qu'il n'ait les mêmes
qualités. Alors c'est le hasard qui décide et l'on revient
toujours forcément à l'axiome du professeur de M. Jour-
dain :

Toucher et ne pas l'être !

DUEL SOUTZO-GHIKA

LA rencontre a eu lieu le mardi 23 novembre 1873,
à neuf heures du matin.

On devait se battre à vingt pas.

Les témoins avaient mis une double charge dans les
pistolets, dans l'espoir de pouvoir les faire dévier....

On a tiré ensemble au commandement. Ghika seul a
été atteint.

La balle est entrée au-dessous de la hanche et est allée
se loger dans la vessie.

Aussitôt qu'ils ont vu tomber le jeune homme, les
témoins de Soutzo et Soutzo lui-même se sont mis à
fuir précipitamment.

Les témoins de Ghika se sont précipités sur le blessé ;
ils l'ont soulevé et placé dans une voiture avec son médecin.

Ils ont fait la route à pied, bien qu'on se trouvât à trois lieues de Fontainebleau.

*
* *

Dans cette ville, le blessé fut transporté à l'hôtel du Cheval-Blanc, où les curieux se rendirent aussitôt.

La nouvelle du duel avait causé une vive émotion dans la ville.

La gendarmerie se transporta sur les lieux, et comme on n'avait dressé aucun procès-verbal du duel, elle mit les témoins en état d'arrestation préventive et les empêcha de sortir, ce dont ils n'avaient du reste nulle envie, attachés qu'ils étaient au chevet de leur ami mourant.

L'affaire eut son dénouement devant la cour d'assises de Melun, qui se montra d'une sévérité sans égale. L'affaire avait eu tant de retentissement que la salle d'audience était trop petite pour contenir tout le monde.

La cour était présidée par M. le conseiller Try.

A dix heures et demie la cour entre en séance.

M. le substitut Voisin, membre de l'Assemblée nationale, occupe le siège du ministère public. MM^{es} Allou, Rendu et de Thannberg, du barreau de Paris, sont assis au banc de la défense.

Les accusés sont immédiatement introduits.

M. le prince Soutzo entre fièrement et la tête haute, et prend place le premier sur le banc des accusés.

Autour de l'accusé principal prennent place MM. Nicolaïdy et Mavromichalis, ses témoins, et MM. Ghika (Grégoire) et Cortazzi, témoins de Nicolas Ghika.

Lecture est faite de l'acte d'accusation, que nous résumons dans ses parties essentielles :

* *
*

Le 25 novembre dernier, vers dix heures du matin, deux voitures s'arrêtaient au carrefour de la Belle-Croix, dans la forêt de Fontainebleau.

Dans l'une se trouvaient les accusés Soutzo, Nicolaïdy et Mavromichalis.

Dans l'autre, Nicolas Ghika, Cortazzi, Grégoire Ghika et le sieur Valtat, interne de l'hôpital de la Riboisière.

Soutzo et Nicolas Ghika venaient se battre en duel.

L'arme choisie était le pistolet, les adversaires devaient être placés à vingt pas et tirer ensemble au commandement de trois.

Des pistolets neufs de tir avaient été achetés par Soutzo et ses témoins, chez l'armurier Faure-Lepage ; par Ghika et les siens chez l'armurier Gastine.

Après avoir choisi le terrain, marqué la distance en comptant largement les vingt pas et chargé les pistolets désignés par le sort avec double charge de poudre, dans le but de diminuer la précision du tir, les témoins placèrent les adversaires. Au commandement de trois donné par Mavromichalis, deux détonations se firent entendre. Nicolas Ghika s'affaissa. Il était mortellement atteint.

M. PAUL DE CASSAGNAC

Page 124.

Transporté à l'hôtel du Cheval-Blanc, il expira le lendemain matin.

Il avait vingt-quatre ans. Avant de mourir, il disait à la religieuse qui le soignait : « Ce n'était pas à un homme que j'ai eu affaire, c'était à un barbare ! »

Il paraît certain, en effet, que Soutzo est un tireur fort adroit et n'en était pas à son premier duel.

Le 25 novembre, un officier d'artillerie qui a servi dans le même régiment que lui, assistait de loin à l'affaire, et le soir il disait à l'interne Valtat : « Quand j'ai vu appeler Ghika pour le mettre en ligne, cela m'a fait l'effet d'un agneau qu'on conduit à la boucherie. »

Il résulte de l'autopsie à laquelle il a été procédé que la victime est morte d'une hémorragie interne abdominale causée par le projectile qui avait traversé tout l'intérieur de l'abdomen.

MM. Soutzo (Constantin), Nicolaïdy, Mavromichalis, Cortazzi et Ghika (Grégoire) sont donc poursuivis comme auteurs et complices d'un homicide volontaire sur la personne de Nicolas Ghika, décédé à la suite du duel dont nous venons de rendre compte.

Quant aux détails de l'affaire, nos lecteurs ne peuvent mieux y être initiés que par la reproduction aussi exacte que possible de l'interrogatoire du principal accusé, qui les résume tous.

INTERROGATOIRE DE SOUTZO

D. Vous êtes né à Athènes en 1841, vous avez donc trente-deux ans. Vous êtes professeur de fortifications à Athènes.

A quelle époque êtes-vous venu en France pour la première fois, et que veniez-vous y faire ?

R. En 1856, et je venais à Paris faire des études classiques.

D. Vous êtes entré à l'École d'application de Metz et ensuite dans un régiment de génie, à titre d'officier étranger ?

R. Oui, monsieur.

D. Vous êtes retourné en Roumanie pour vous marier ?

R. En 1869.

D. Vous avez épousé Mlle Nathalie Maurogheni, fille du ministre des finances en Roumanie, et vous avez un fils né en 1870?

R. Oui, monsieur.

D. Dans le cours de cette année 1870, étant un soir à l'Opéra de Bucharest avec votre femme et votre belle-sœur, n'avez-vous pas souffleté un homme qui assistait à cette représentation, le nommé Catargi ?

R. C'est très exact.

D. Un duel s'ensuivit et votre adversaire fut blessé?

R. Il fut blessé légèrement à la main.

D. Pourquoi aviez-vous souffleté Catargi, qui était presque un parent de votre femme ?

R. Il voulait s'imposer chez moi et j'ai longtemps supporté ses provocations ?

D. Pourquoi ne vouliez-vous pas recevoir ce parent de votre femme ?

R. J'avais des raisons, et en somme j'étais libre de le recevoir ou de ne pas le recevoir.

En mai 1872, vous vous séparez de votre femme : pourquoi ?

R. Elle ne voulait pas me suivre en Grèce, cédant à l'influence de ses sœurs.

D. Que devint alors votre fils?

R. Il resta avec sa mère.

D. En novembre 1872, votre beau-père vous appelle en Roumanie pour tenter une réconciliation : que fîtes-vous ?

R. Je vis mon beau-père, et Mme Soutzo persista à rester avec sa famille. J'emmenai alors mon fils, pensant ainsi combattre les influences qui s'exerçaient sur l'esprit de ma femme.

D. Vous devriez dire que vous avez volé cet enfant, car vous vous êtes introduit chez votre femme pendant son absence, vous aviez une voiture disposée dans laquelle vous avez mis l'enfant, et vous vous êtes dirigé sur la frontière de Bessarabie, exposant ainsi votre enfant de deux ans aux dangers d'un long voyage.

R. Je n'avais pas besoin de voler ce qui m'appartenait.

D. Vous fûtes arrêté au moment où vous alliez franchir la frontière, et renvoyé devant le préfet de police de Bucharest, qui fit remettre l'enfant à sa mère.

R. Oui, mais je dois déclarer que l'enlèvement de mon enfant s'est effectué avec le consentement de mon beau-père.

D. Ceci est loin d'être établi.

En tout cas, chez le préfet de police, vous avez rencontré Nicolas Ghika, qui aurait usé de toute son influence pour faire avorter le plan d'enlèvement de votre enfant, et vous en auriez conçu pour lui un vif sentiment de haine ?

R. C'est très exact.

D. Il y avait des raisons qui expliquaient cette intervention de Ghika, puisqu'il était allié à votre femme. — Aimez-vous votre enfant?

R. Ma conduite l'a toujours prouvé.

D. En mai 1873, vous venez à Paris, où se trouvaient déjà votre femme et sa sœur Lucie.

A cette époque, rencontriez-vous souvent Ghika, qui habitait aussi Paris?

R. Quelquefois, et j'ai toujours remarqué ses airs de provocation et de raillerie.

D. Ghika passait pour un jeune homme fort doux, plein de cœur et de franchise.

R. Il avait, je le répète, des allures provocatrices et tenait à mon égard des propos blessants.

D. Vous aviez dès lors résolu de le provoquer. Le 23 novembre, en effet, vous étiez en voiture, vous apercevez Ghika rue Saint-Pétersbourg, vous descendez de votre voiture, et, sans provocation aucune, vous souffletez ce jeune homme et vous remontez froidement dans votre voiture.

R. La mesure était comble.

D. Ce n'est pas tout, et comme si cette insulte n'était pas suffisante, vous en ajoutez une autre, et immédiatement vous envoyez à Ghika la lettre suivante :

« Monsieur,

« Quoique je sache que vous n'êtes pas absolument ignorant de mon adresse, soit pour me conformer aux usages, soit pour obvier à un manque de mémoire de votre part, je m'empresse de vous indiquer ma demeure, où j'attends vos témoins. »

Le duel fut donc décidé et vous allez avec vos témoins chez l'armurier Lepage, où vous achetez des pistolets d'une précision excessive, disant à M. Lepage que c'était un cadeau que vous vouliez envoyer en Roumanie.

Pourquoi ce mensonge?

R. Pourquoi aurais-je initié cet armurier à mes affaires?

D. Le 25 novembre, dans la matinée, vous êtes dans la forêt de Fontainebleau en présence de votre adversaire.

R. Parfaitement.

(Le président fait présenter les pistolets à l'accusé, qui les examine et les reconnaît.)

D. En assistant aux préparatifs du duel, vous paraissiez exempt de toute inquiétude; vous étiez, paraît-il, étendu sur une roche, caressant vos bottes du bout de votre canne. Enfin, on vous met en ligne, et, quelques secondes après, votre adversaire était mortellement blessé. Vous êtes resté impassible et froid.

R. Je n'aurais pas pas voulu, en faisant un pas vers mon adversaire, paraître vouloir le narguer.

D. Le narguer! Mais où donc placez-vous le cœur dans votre pays?

R. On le place, monsieur, là où il doit être.

D. En tout cas, prince Soutzo, vous avez reçu une bien dure leçon d'un homme du peuple. Le cocher qui vous a conduit a dit, en parlant de vous et de vos amis : Ils se sont enfuis comme des voleurs.

Et ce mot de Ghika lui-même : « J’avais un barbare en face de moi ! »

R. J’ai été le premier à regretter les suites de ce duel.

D. Écoutez, Soutzo : je vous considère comme bien malheureux. Les trois grandes affections de la vie vous manquent : votre mère est mourante, votre femme vous délaisse et votre enfant ne vous reconnaîtrait pas si on le mettait en présence de son père.

Je n’ai plus rien à vous demander, asseyez-vous.

*
* *

Cet interrogatoire résume absolument les faits relevés par l’accusation.

Le prince Soutzo fut condamné à quatre ans d’emprisonnement; ses deux témoins Nicolaïdy et Mavromichalis à trois ans.

MM. Grégoire Ghika et Cortazzi, témoins de Ghika, à deux ans de la même peine.

Cette condamnation fut accueillie avec stupeur, car quelque temps auparavant le jury acquittait le baron Ritter qui tuait M. Appleton dans un duel au pistolet.

UN DUEL DE PAUVRE

VERS la fin de janvier 1856, plusieurs journaux publiaient la note suivante :

Un article de M. Louis Goudall, inséré dans *Le Fi-*

garo du 13 janvier, contenait une phrase par laquelle
M. Goudall s'était fait l'écho involontaire de calomnies
déjà lointaines. Cette phrase a motivé, de la part de
M. Aurélien Scholl, une demande en réparation.

M. Goudall ayant refusé de se rétracter, uniquement
pour ne pas paraître céder *à une injonction trop brusque,*
une rencontre a eu lieu entre ces deux messieurs, dans
le bois du Vésinet, le samedi 26 courant.

Le combat, où M. Scholl était l'assaillant, a duré dix
minutes et n'a cessé que par la rupture d'une épée.

M. Goudall, complètement édifié depuis, autant par
des renseignements authentiques que par l'épreuve qu'il
a partagée, a loyalement retiré les lignes qui avaient
offensé M. Scholl.

<table>
<tr><td>Pour M. GOUDALL :</td><td>Pour M. AURÉLIEN SCHOLL :</td></tr>
<tr><td>ARMAND BLANC.</td><td>ANGELO DE SORR.</td></tr>
<tr><td>J. CASTAGNARY.</td><td>HENRY DE LA MADELÈNE.</td></tr>
</table>

Et comme je demandais à mon confrère et ami de me
faire le récit d'une des affaires qui avaient marqué dans
sa vie :

— Ce que vous me demandez là, répondit Scholl, est
impossible. Plusieurs de mes anciens adversaires sont
maintenant de mes meilleurs amis, et je ne veux pas
rappeler les motifs de brouille qui ont pu exister entre
nous. Quant à ceux avec lesquels je n'ai pas cru devoir
me réconcilier, le réveil de griefs plus ou moins graves
pourrait avoir pour résultat de nous remettre l'épée à la
main, ce qui est inutile.

— Racontez-moi, au moins, l'histoire de Louis Goudall. Puisque l'affaire s'est dénouée pacifiquement, il n'y a pas à craindre de rouvrir une ancienne blessure. Le procès-verbal est, du reste, fort bien fait et ne peut donner prise à aucune interprétation malveillante.

— Ah! ma rencontre avec l'auteur du *Martyr des Chaumelles,* qui n'était alors qu'un petit critique au *Figaro,* est une de celles qui m'ont laissé un souvenir mélancolique. Goudall avait fait allusion à mon premier duel. Je m'étais battu avec le plus brave et le plus loyal garçon de la terre. Affaire de femme, naturellement. Tous les torts étaient de mon côté; on n'est pas parfait. Le combat n'était pas au premier sang, mais à *blessure grave.* Il était important pour moi de ne pas tuer mon adversaire, et presque aussi important de n'être pas tué moi-même. Je n'étais malheureusement pas de force à conduire l'affaire à mon gré. Nous nous battions dans le fond d'une carrière de sable, ayant peu d'espace devant et derrière nous, un terrain que je n'accepterais certainement pas aujourd'hui. Les témoins n'étaient pas plus expérimentés que les adversaires. C'était notre premier duel — à tous. J'avais été touché quatre fois : une piqûre au cou, une autre au-dessus du sein droit, une éraflure qui m'avait enlevé la largeur d'une lanière sur l'épaule droite, et enfin un coup d'épée qui, traversant le gras du bras, avait pénétré jusqu'à l'os. Saignant de tous côtés, je me fendis à fond. Mon adversaire reçut le coup en pleine poitrine. Il chancela, fit deux pas en avant et tomba sur la face. J'avais jeté mon épée, ou elle m'était tombée des mains, je n'en sais rien moi-même. Ce qu'il y a de certain, c'est que je fis un bond et me précipitai vers ma voiture. Les témoins n'avaient pas une seule fois arrêté le combat pour vérifier les blessures. C'est moi, moi seul qui le jugeai terminé, pouvant à bon droit m'écrier :

Et le combat finit, faute de combattants !

Mon adversaire resta deux mois entre la vie et la mort; mais, Dieu merci ! il se rétablit enfin. Il est mort en 1870, à Berlin, prisonnier de guerre, officier de mobiles, en brave et digne homme qu'il était.

Que je fusse ou non dans mon droit en jetant mon épée, après le coup que j'avais porté, les témoins du moribond se livrèrent à des récriminations dont retentirent les tribunaux d'alors. C'est à cette affaire que Louis Goudall avait fait allusion.

Il refusa de se rétracter et de se battre.

Je me rendis alors, accompagné d'Henri de la Madelène, au domicile du critique du *Figaro*. Il occupait une chambre au deuxième étage d'une maison garnie de la rue de Lille. La Madelène resta dans le corridor pendant que je frappais à la porte.

Goudall vint m'ouvrir.

— Monsieur, lui dis-je, vous avez refusé de vous battre, je me vois forcé de vous y contraindre.

Et, tenant un gant par le bout des doigts, je lui en fouettai la joue.

Goudall devint très rouge et balbutia :

— C'est bien, monsieur, vous recevrez mes témoins aujourd'hui.

Les choses se passèrent comme il est dit au procès-verbal. D'un battement un peu sec, je brisai la lame de l'épée qui me menaçait... Et l'autre paire ! dis-je.

— Mais nous n'en avons pas, répondirent les témoins de Goudall.

— Alors, à demain !

C'était le 17 janvier, par un froid des plus intenses. Le sable, gelé, criait sous nos pas. A toutes les branches noires et dénudées, des stalactites s'allongeaient comme des larmes de cierge. Il ne faisait pas bon d'être là, en manches de chemise et la poitrine au vent.

Le soir même les témoins arrangèrent l'affaire comme il est dit au procès-verbal.

Plusieurs mois se passèrent. Je me rencontrai deux fois avec Paul de Cassagnac, une fois à Boisfort, près de Bruxelles, une autre à Épinay-Saint-Denis. J'eus une affaire à Gennevilliers avec Osiris, une autre encore à Baden-Baden. Goudall et moi nous nous rencontrions souvent sur le boulevard, échangeant à peine un salut.

Un jour, il vint franchement à moi.

— Voyons, me dit-il. Vous avez eu plusieurs affaires depuis notre rencontre. Vous vous êtes réconcilié avec tous vos adversaires. Seul, je parais dédaigné par vous. Pourquoi ? Je vous avais bien peu offensé ; je me suis battu, je me suis rétracté. Que peut-il vous rester contre moi ?

— Il me reste un sentiment de gêne que vous allez comprendre. Le matin où je me suis rendu chez vous, quand je vous ai touché le visage de mon gant, vous êtes resté coi. Rien n'a bronché en vous. Il m'a semblé que

vous ne ressentiez pas au degré suffisant l'offense qui vous
était faite.

— Hé! fit Goudall en soupirant à ce souvenir, une
horrible pensée était venue m'accabler. La veille au soir,
j'avais mis mon habit noir au mont-de-piété. Six francs!
c'est tout ce qu'on m'avait prêté dessus. Et me voyant
forcé de me battre, acculé à la dernière nécessité, je me
demandais, le cœur serré, où je pourrais bien trouver le
louis indispensable pour payer la voiture ou le chemin
de fer!...

« Depuis ce jour, ajouta Aurélien Scholl en terminant son récit, j'ai soin de m'informer, avant de provoquer qui que ce soit, de sa situation matérielle et des
ressources dont il dispose. Je ne puis oublier l'habit noir
du pauvre Goudall! »

DUEL CASELLA-BASILONE

IL n'est pas de semaine que, sur plusieurs points de la
France, on ne mette l'épée à la main, et comme on
n'est plus à l'époque bizarre où l'on offrait à l'homme
offensé la mince compensation d'une peine prononcée
par un tribunal, pour laver une insulte, on n'est bien
servi que par soi-même, et c'est se contenter de peu que
d'attendre une réparation d'une collection de douze jurés,
qui sont bien capables de vous donner tort.

Donc on se bat ferme, et à côté des duels ordinaires, il y a les duels à sensation, dans le genre du duel Pons-San-Malato, que j'ai raconté dans *les Hommes d'Épée*.

Celui qui a eu lieu entre MM. Casella et Basilone est à peu près le pendant du légendaire combat du Vésinet.

La querelle, qui remonte à un mois environ et qui avait surtout occupé la presse italienne, est née d'une polémique entre deux Napolitains, M. Casella, qui habite Paris, et M. Basilone, directeur du *Sport* de Naples.

Cette polémique entre les deux Italiens devait avoir son dénouement. Le 19 décembre, à onze heures et demie du matin, M. Basilone, qui a fait le voyage de Naples exprès pour se battre, amenant ses témoins, MM. le prince de Santa Severina et de Marinis, son professeur d'épée, reçut avis, dès son arrivée, que MM. A. de Espelèta et G. de Borda étaient choisis par M. Casella pour s'entendre avec ses représentants.

Après avoir, bien entendu, cherché tous les moyens de conciliation possibles, on décida la rencontre et tout alla rondement, sauf le choix des armes, qui ne fut pas résolu sans difficultés.

Les témoins avaient décidé en outre, qu'en présence du mauvais temps, la rencontre aurait lieu dans un endroit couvert et, dans cette circonstance, avaient convoqué quelques personnes appartenant au monde des armes, pour attester au besoin de la loyauté et de la régularité du combat.

Parmi ces personnes très peu nombreuses se trouvaient MM. D. de Ezpelèta, A. de Borda, Waskiewicz, Arnaud de l'Ariège, A. Périvier, Saint-Albin, le maître d'armes

Hyacinthe et deux ou trois compatriotes des combattants.

Le duel avait lieu dans les environs du bois de Boulogne.

Après les formalités d'usage : tirage des places, des épées, etc., de Ezpelèta mit les deux adversaires en garde.

Chacun des deux avait l'épée napolitaine à coquille étroite, garantissant peu la main. Ces épées appartenaient au baron de Vaux et avaient servi déjà au duel du prince L...

Les gants étaient en peau de gant de salle, mais sans rembourrage et sans crispin. M. Casella avait attaché son épée au poignet, M. Basilone la tenait librement.

Presque immédiatement, et au bout d'une seconde qu'ils étaient en présence, les deux Italiens s'attaquèrent avec une impétuosité farouche.

Un premier corps à corps fut arrêté par les témoins de M. Casella, et M. de Ezpelèta invita les deux adversaires à mettre moins de passion dans leur jeu.

Mais cette recommandation paraissait inutile, car dès qu'on leur permettait de se remettre aux prises, ils se ruaient l'un sur l'autre avec une opiniâtreté nouvelle.

A la seconde reprise, l'épée de M. Basilone se cassa à vingt centimètres de la pointe et la chemise de M. Casella fut déchirée sous l'aisselle droite.

On arrêta. M. de Marinis s'approcha pour s'assurer que M. Casella n'était pas blessé. Il ne trouva aucune trace de l'épée.

A la troisième passe, non moins émouvante que les deux premières, il n'y eut rien.

A la quatrième, l'épée de M. Basilone fut faussée. Il n'y avait rien eu, en apparence du moins.

Mais au cinquième engagement, M. de Marinis, qui suivait le combat avec une attention scrupuleuse, vit perler une goutte de sang sur le gant de M. Casella, il s'approcha vivement de lui :

— Vous êtes blessé, lui dit-il.

Casella protestait, la piqûre remontait à la passe précédente et il ne l'avait, disait-il, pas sentie.

Le docteur Baulant intervint et, avec une décision énergique que je souhaiterais à tous les médecins qui assistent à un duel, déclara que le combat devait cesser.

M. Casella avait été piqué à la première phalange du doigt majeur avec le métacarpien correspondant.

Le combat, qui avait été si acharné et qui menaçait de finir tragiquement, était forcément terminé; car une blessure à *la main* constitue un désavantage bien plus réel que toute autre blessure plus grave en apparence et reçue même en plein corps.

Tel a été l'avis du médecin et des témoins, qui ont vaillamment fait leur devoir.

Voici le procès-verbal rédigé par les témoins :

« En exécution d'un procès-verbal antérieur, signé par les témoins de MM. Henri Casella et Raphaël Basilone, une rencontre à l'épée a eu lieu aujourd'hui dimanche.

« Les formalités d'usage ayant été remplies, M. le baron A. de Ezpelèta et M. Ernesto de Marinis ont été désignés par MM. Gustave de Borda et le prince de Santa Severina pour diriger le combat.

« Après trois reprises très violentes, espacées par des repos de quelques minutes, une des épées s'est cassée et on a pu croire un instant que M. Casella, dont la chemise était déchirée, avait été touché.

« A l'examen, il fut reconnu que M. Casella n'avait pas été atteint, et les combattants furent mis en garde de nouveau par M. de Ezpelèta.

« A la cinquième reprise, après un engagement qui ne dura pas moins de cinq minutes, M. de Marinis, voyant le sang sur le gant de M. Casella, crut devoir suspendre le combat.

« Le docteur Baulant, appelé à examiner la blessure, pour en faire un rapport immédiat aux quatre témoins, déclara à ceux-ci que, dans son âme et conscience, la blessure de M. Casella était de nature à le priver des mouvements de la main et, sur la demande de MM. de Marinis et de Santa Severina, MM. de Ezpelèta et de Borda ne firent aucune difficulté à reconnaître que le combat pouvait cesser, les chances n'étant plus égales pour les deux adversaires.

« Il fut aussitôt déclaré que le combat était terminé.

« Les signataires de ce procès-verbal croient devoir déclarer que ces messieurs ont fait preuve du plus grand courage et que tout s'est passé conformément aux lois de l'honneur.

« En foi de quoi ils ont signé le présent procès-verbal.

<table>
<tr><td>Baron A. DE EZPELÈTA.</td><td>Prince DE SANTA SEVERINA.</td></tr>
<tr><td>E. DE BORDA.</td><td>ERNESTO DE MARINIS. »</td></tr>
</table>

DUEL LOUIS DAVYL-VALLÈS

Un duel des plus sérieux eut lieu, dans les bois de Verrières, entre Jules Vallès et Poupart-Davyl.

Le futur rédacteur en chef de *La Rue* et le futur auteur de la *La Maîtresse légitime,* très jeunes alors tous deux, étaient doublement liés par les souvenirs du collège où ils avaient été ensemble, et par le partage de la vache enragée qu'ils mangeaient côte à côte, — dans les bons jours, — aux tables d'hôte du pays de bohème. Dans les jours complètement néfastes, et quand il n'y avait pas autre chose, ils partageaient leurs espérances.

Je ne sais comment une querelle s'éleva malheureusement entre les deux camarades, querelle dont les conséquences furent tellement graves, qu'elles amenèrent une provocation. La scène avait eu lieu en public et un duel était inévitable.

Ce duel, dont la fin devait être très dramatique, commença comme un vaudeville.

Vallès n'avait pas un sou ; Davyl pas davantage.

Comment faire pour offrir aux témoins le madère traditionnel et obligatoire, pour noliser une voiture et louer des armes ?

Chaque matin, les deux adversaires, qui habitaient rue d'Enfer, dans le même hôtel, deux chambres contiguës, séparées seulement par une mince cloison, se mettaient en campagne et parcouraient le quartier Latin en tous sens, du Luxembourg au Jardin des Plantes et de l'Hôtel-

M. JULES VALLÈS

Page 140.

Dieu à l'Observatoire, dans l'espérance de prélever sur les populations de cette contrée l'emprunt nécessaire pour couvrir les frais de la guerre déclarée entre Vallès et Davyl.

En quatre jours Vallès avait réuni dix-sept francs soixante-quinze centimes, dont une pièce fausse.

Encore avait-il dû, pour obtenir ce résultat médiocre, *laver* une partie de ses bouquins sur les quais, et mettre au *clou* tous ses objets d'art.

Il fallait en finir, car la situation était énervante pour les deux adversaires, bien décidés à se battre, et elle menaçait, en se prolongeant, de devenir ridicule.

Davyl se souvint alors de l'existence d'un honnête commerçant, vieil ami de sa famille. Il résolut de faire une tentative auprès de ce brave homme, se mit en route, franchit les ponts, et après avoir accompli sans accident le long voyage de la rive droite, il conquit sur la caisse de ce notable négociant les cinq louis indispensables à son adversaire.

Le jour de la rencontre fixé, on se rend en voiture à Robinson. Là, on descend et on s'achemine à pied vers le bois.

Il était huit heures du matin.

Vallès était en habit noir boutonné et Davyl, qui marchait derrière son adversaire, lui disait : « Tu as l'air du commissaire de police qui va nous arrêter sur le terrain. On ne porte pas l'habit noir le matin, que diable ! à moins qu'on ne revienne du bal après s'être attardé dans quelque mauvais lieu. Tu aurais dû me prévenir que tu n'avais pas d'autre costume, je t'aurais trouvé une redingote en même temps que les cinq louis. »

Vallès, sans répondre à ces plaisanteries, marchait plein de dignité dans le soleil, et l'ombre des deux pans de l'habit projetait sur la route comme deux ailes d'un énorme corbeau.

Les conditions du combat étaient très raides, comme on va le voir.

Les deux adversaires, placés à trente pas, devaient échanger trois balles chacun, en se rapprochant l'un et l'autre de cinq pas après chaque coup tiré.

Les deux premières balles furent échangées sans résultat.

Au second coup, c'est-à-dire à vingt pas, Davyl enleva le lobe de l'oreille de Vallès, dont la deuxième balle fut perdue.

Au troisième coup, à dix pas, Vallès logea un balle dans l'humérus de son adversaire, qui tomba.

Il ne perdit pas connaissance cependant et garda toute sa présence d'esprit. Comme ses témoins voulaient lui couper ses bottines, car les pieds enflèrent rapidement, il leur cria : « Malheureux ! ne commettez pas ce crime. Elles sont neuves et je n'ai que celles-là. »

On mit le blessé sur une civière et on le porta jusqu'à une auberge de Robinson, où il fut étendu sur une table. Pendant que Vallès, dont cette promenade matinale avait creusé l'estomac, commandait une omelette de douze œufs, Davyl, soulevant la tête, lui dit : « Mais c'est l'omelette de Condorcet que tu commandes là et tu sais qu'il en est mort. »

Les suites de la blessure furent très graves, et pendant trois mois on crut que l'amputation serait nécessaire.

M. LOUIS DAVYL

Page 142.

Mais la jeunesse de Davyl, son énergie et sa volonté eurent raison du danger qui le menaçait, et il se tira d'affaire sans être estropié, après avoir failli succomber dans cette longue lutte contre la mort.

DUEL ALBERT ROGAT

PARMI les nombreux duels de M. Albert Rogat, il en est un qui mérite d'être raconté tout au long, car c'était la première fois que cet écrivain de talent et de conviction allait sur le pré. Quant au motif, qu'il suffise de dire que le bon droit était du côté du baron de Heckereen.

C'est dans l'île de Croissy que la rencontre a eu lieu ; il faisait un temps horriblement brumeux et le terrain était complètement défoncé. Les adversaires, de manière à n'attirer l'attention de personne, étaient venus chacun de leur côté.

Avant de se rendre au lieu du combat, Albert Rogat et ses deux témoins entrèrent dans un cabaret voisin où ils se firent servir à déjeuner.

Au cabaret où ils se trouvaient, un affreux toutou avait fait des politesses telles que Rogat avait cru devoir l'inviter à déjeuner. A sa sortie, le chien le suit et, sans qu'on s'en soit aperçu, il saute dans le bateau et débarque avec ses deux témoins, Cassagnac et ce pauvre Bertrand, qui s'est ruiné à la direction des *Nations*.

Les témoins de Heckereen étaient Alfonso de Aldama et un capitaine de cavalerie.

Rogat n'avait jamais vu son adversaire, et en apercevant ce superbe gaillard, taillé en hercule, lui qui est assez gringalet, — il avait vingt et quelques années, — il pensa que la partie serait rude.

Il avait apporté deux martingales; il en offrit une à son adversaire et employa l'autre.

On les mit l'épée à la main à cinq ou six mètres l'un de l'autre. Rogat resta en place, Heckereen déboula sur lui comme un sanglier.

Les fers se touchèrent sans calmer son adversaire.

Ah! bien oui, il le chargeait à fond à peu près comme de Massas avec Dichard.

Rogat rompit avec entrain, ramassant tout le temps l'épée par des contre de quarte et ripostant, ripostant chaque fois qu'il tenait le fer.

Heckereen est touché au haut du bras; on arrête, on examine la blessure et Heckereen demande à continuer, les conditions étant celles de tout duel sérieux.

On se remet en garde, même jeu.

Notez que Rogat avait vingt coups d'arrêt à placer avec un homme qui chargeait sans être couvert, mais il y avait un coup fourré inévitablement.

A un moment donné, ennuyé de rompre, Rogat chercha à tenir, en évitant bien entendu un corps à corps.

Il reprit sa tactique, il avait la main vive et ses ripostes portaient. Il lui en donnait deux ou trois.

Le baron de Heckereen était tellement couvert de sang qu'on aurait pu croire qu'il était touché en pleine poitrine. Il n'en était rien.

Un détail assez curieux : quand le duel commença, le toutou qui avait suivi Rogat et qui avait, paraît-il, la reconnaissance de l'estomac, se jeta dans les jambes de son adversaire avec la prétention d'intervenir en sa faveur. Il fut averti, par quelques coups dans le derrière, d'avoir à observer la neutralité la plus exacte et il se résigna à demeurer spectateur impartial du combat.

Cependant quand ce fut fini, Heckereen avait perdu tant de sang qu'il en avait coulé par terre, sur l'herbe, le long de son pantalon ; le toutou alla s'y rouler, et il lécha le sang. Pour en finir avec lui, disons qu'au retour il accompagna Rogat jusqu'à ce qu'il fût monté en voiture.

Le combat se termina par un coup en tierce qui vint atteindre M. de Heckereen à la ceinture.

LE DUEL CLOVIS HUGUES-MORDANT

C E duel n'est pas né d'un prétexte futile. Il a causé la mort d'un homme. Comme je ne juge pas, je me contenterai de reproduire le compte rendu du procès qui s'est déroulé le 21 février 1878, devant la Cour d'assises des Bouches-du-Rhône.

On lit dans la *Jeune République* du 4 décembre 1877 :

LA SALLE

L'audience est ouverte à neuf heures.

Une foule considérable se presse dans la salle : un grand nombre de dames se pressent dans les tribunes et la curiosité est excitée au plus haut point.

On ne pénètre dans la salle qu'avec la plus grande des difficultés; une consigne sévère interdit l'entrée de la salle à toutes les personnes qui ne sont pas munies de cartes. Plusieurs de nos confrères mêmes se sont vu refuser l'entrée.

L'arrivée des cinq accusés au banc des prévenus produit une vive sensation dans la salle.

On connaît assez la physionomie des cinq accusés, pour que nous croyions utile de faire ici leurs portraits.

M. le président, après avoir procédé au tirage au sort du jury, interroge sommairement les accusés, qui déclarent se nommer :

Clovis Hugues, journaliste, 26 ans, né à Ménerbes;

Mallet, François-Ladislas, coiffeur, 37 ans, né à Marseille;

Mellan, Antoine-Barthélemy, professeur, 37 ans, né à Marseille;

Daime, Alexandre-Hilarion, courtier, 23 ans, né à Vitrolles;

Jourdan, Jean-Baptiste, employé, 28 ans, né à Marseille.

Après cela, M. le greffier Klein donne lecture de l'acte d'accusation, ainsi conçu :

ACTE D'ACCUSATION

Le procureur général de la Cour d'Aix, vu l'arrêt en date du 26 janvier 1878, par lequel la Cour, chambre des mises en accusation, a renvoyé devant la Cour d'assises des Bouches-du-Rhône, comme accusés de coups et blessures ayant occasionné la mort, et de complicité, les nommés Hugues, Clovis, journaliste, âgé de 26 ans, né à Ménerbes (Vaucluse) ; — Mellan, Antoine, âgé de 37 ans, professeur de mathématiques, né à Marseille ; — Mallet, François-Ladislas, coiffeur, âgé de 37 ans, né à Marseille ; — Daime, Alexandre-Léon, courtier de commerce, âgé de 23 ans, né à Vitrolles (Bouches-du-Rhône) ; — Jourdan, Jean-Baptiste-Marius, employé, âgé de 28 ans, né à Marseille, détenus, demeurant tous à Marseille ; expose que de la procédure instruite contre ces accusés au tribunal de 1re instance de Marseille, résultent les faits suivants :

Clovis Hugues, rédacteur du journal la *Jeune République*, ayant cru voir des insinuations blessantes pour l'honneur de sa femme dans un article publié par Daime, Joseph, dit Désiré Mordant, rédacteur du journal l'*Aigle*, envoya vers ce dernier deux témoins, Mallet, François, et Mellan, Louis. Ceux-ci s'abouchèrent avec Daime, Alexandre, et Jourdan, Marius, que Daime, Joseph, avait choisis pour ses seconds. Après quelques pourparlers et d'infructueuses tentatives d'arrangement, une rencontre à l'épée fut jugée inévitable. Le lundi 3 décembre 1877, au lever du jour, les adversaires, leurs témoins et le sieur Carcassonne, Casimir, docteur en médecine, se trouvaient réunis dans un bois désert situé dans la banlieue de Marseille.

Un dernier appel à la conciliation par les témoins de Daime, Joseph, ne fut pas entendu; il fut seulement décidé que le duel cesserait au premier sang.

Mellan, Louis, après avoir mesuré les épées et s'être assuré qu'elles étaient de longueur égale, les remit à chacun des adversaires, qui croisèrent le fer aussitôt. Aux premières passes, Daime, Joseph, effleura deux fois la chemise de son adversaire et finit par le blesser à l'épaule droite, en disant : « Je vous ai touché. » Peu d'instants après, il fut lui-même frappé en pleine poitrine; il s'affaissa dans les bras de son frère Daime, Alexandre, qui resta seul avec le médecin. Quelques instants après, dans la voiture qui le ramenait à son domicile, il rendit le dernier soupir. L'autopsie a démontré que l'épée avait pénétré dans le poumon au-dessus du teton droit, percé cet organe de part en part, perforé l'aorte et atteint la première partie du poumon gauche. La mort a été presque instantanée.

Les témoins du duel sont en contradiction formelle sur les circonstances capitales de sa dernière phase. Daime, Alexandre, et Jourdan, Marius, déclarent que Daime, Joseph, après avoir blessé son adversaire, abaissa son arme, pensant que, d'après les conventions stipulées, la lutte était terminée; en le voyant ainsi découvert et presque désarmé, Clovis Hugues fondit sur lui et lui porta le coup mortel.

Mellan et Mallet protestent énergiquement contre cette déclaration; ils affirment que, malgré la blessure légère reçue par Clovis Hugues, le combat a continué dans des conditions de loyauté absolue.

La forme et la direction de la blessure ne permettent pas de se prononcer avec certitude entre ces deux versions qui se détruisent l'une l'autre. Peut-être n'est-il pas invraisemblable de dire que Daime, Joseph, après avoir touché son adversaire, a dû croire le combat terminé et que, sans cesser complètement d'être en garde, il s'est tenu dans une défense moins active et moins vigilante.

Il paraissait, en effet, plus fort à l'escrime que Clovis Hugues; il l'avait touché trois fois; et on hésite à admettre que le fer de son adversaire ait pu entrer de 23 centimètres dans sa poitrine s'il avait conservé l'attention et la position commandées par la continuation de la lutte. Quoi qu'il en soit, les témoins ont commis une faute lourde en n'arrêtant pas le combat à la première effusion de sang. Leur devoir strict était de relever immédiatement les épées, de faire constater par le médecin la gravité du coup et de décider si l'honneur était satisfait; ils n'auraient pas dû permettre non plus que les combattants conservassent leurs chemises, dont le plastron empesé offrait par lui-même une certaine résistance et pouvait empêcher, comme cela est arrivé, d'apercevoir la première blessure qui devait arrêter le combat. Non seulement ils se sont associés par aide et assistance au crime commis par Clovis Hugues; mais par leur inexpérience et la violation des usages élémentaires du duel, ils se sont encore rendus, pour une large part, responsables de la mort de Joseph Daime. Le jour même du duel, Clovis Hugues a quitté la France et s'est réfugié en Italie. En prévision d'une prochaine rencontre, il prenait depuis plusieurs mois des leçons assidues d'escrime. Dans une pièce de vers écrite de Gênes et insérée dans le numéro de la *Jeune République* du 30 décembre 1877, il a rendu hommage à la loyauté de Joseph Daime et il a outragé avec aussi peu de mesure que de convenance ceux qui ont douté de la sienne.

En conséquence, lesdits Hugues, Mallet, Mellan, Daime, Jourdan, ci-dessus dénommés et qualifiés, sont accusés d'avoir :

1º Hugues Clovis, à Marseille, le 13 décembre 1877, volontairement porté des coups et fait des blessures au sieur Joseph Daime, avec ces circonstances que l'accusé a agi avec préméditation, que les coups qu'il a portés à Joseph Daime et les blessures qu'il a faites sans intention de lui donner la mort, l'ont pourtant occasionnée.

2º Antoine Mellan, François Mallet, Alexandre Daime, Jean-Baptiste Jourdan, à la même époque et dans le même lieu, avec connaissance, aidé ou assisté ledit Clovis Hugues, auteur de l'action, dans les faits qui l'ont préparée ou facilitée, ou dans ceux qui l'ont consommée.

Ce qui constitue les crimes prévus et punis par les articles 309, 310, 59, 60 du Code pénal et de la compétence de la Cour d'assises.

On remarque, au banc de la défense, Mes de Pleuc et Barne, du barreau de Marseille, chargés de la défense de MM. Clovis Hugues, Mallet et Mellan.

Mes Rigaud et Masson sont chargés de la défense de MM. Daime et Jourdan.

M. Melcot, avocat général, occupe le siège du ministère public.

Pendant la lecture de l'acte d'accusation, l'attention générale se porte sur les accusés et aussi sur la tribune des dames, où l'on remarque la présence de Mme Hugues et de diverses personnes appartenant à la famille Daime.

L'assistance n'a fait que grandir pendant la lecture de l'acte d'accusation ; les places réservées derrière la Cour sont toutes envahies, pas une seule ne reste libre.

Le banc de la presse est au grand complet : tous les journaux de Marseille, sans distinction d'opinions, se sont fait représenter. Deux ou trois des grands journaux de Paris ont également envoyé des reporters.

Après la lecture de l'acte d'accusation, M. le président Lepeytre procède à l'interrogatoire des prévenus :

INTERROGATOIRE DE M. CLOVIS HUGUES

D. Clovis Hugues, levez-vous ; avez-vous été condamné ?

R. Trois fois, monsieur : une pour délit de presse, une pour outrage à la gendarmerie, une en simple police (prélude de l'affaire Mordant).

D. Vous étiez rédacteur de la *Jeune République* ?

R. Oui, monsieur.

D. Comme ce sont vos articles et ceux de Daime, dans l'*Aigle,* qui ont occasionné ce duel, je vais en donner lecture.

(M. le président donne alors lecture dès articles qui ont amené la polémique entre MM. Clovis Hugues et Désiré Mordant.)

D. Cette polémique a donné lieu à une altercation publique avec Désiré Mordant?

R. Oui, monsieur le président; nous nous sommes rencontrés dans la rue d'Albertas, et j'ai levé ma canne sur Daime, car celui-ci avait dit que Mme Hugues était une... Je n'ose dire le mot.

D. Oui, à ce sujet vous avez été condamnés tous deux en simple police?

R. Oui, monsieur le président.

(M. le président donne lecture des considérants de ce jugement.)

D. Ce jugement est à la date du 30 juillet 1877 ét postérieur aux articles des journaux. Tout ne fut pas fini là?

R. J'autorisai Mme Hugues à poursuivre M. Daime en diffamation; mais M. Daime allait partout disant qu'il me tuerait à la fin de novembre. J'ai des témoins pour ces propos. A la suite de cela je fus trouver Me de Pleuc et le priai de retirer la plainte, croyant qu'il fallait que j'aille sur le terrain.

D. Aviez-vous fréquenté les salles d'armes?

R. Jamais. Je n'ai appris les armes qu'à cause de cela; M. Mistral, maître d'armes, était mon voisin, et m'a donné des leçons pendant près de deux mois, des leçons très courtes.

D. Il a donc été résolu que le 3 décembre vous vous rencontreriez au bois de Montredon. Il résulterait de la procédure que vos témoins auraient été fort âpres et peu conciliants. Vos témoins auraient répondu : « Les duels sont ridicules depuis quelque temps, il faut donner une leçon à un des deux partis. »

R. Quand j'envoyai mes témoins chez M. Daime, ils devaient présenter à sa signature une note rectificative ; mais M. Daime ne voulut pas signer, disant qu'il voulait me donner une leçon.

D. Arrivons au fait du duel, car vous êtes naturellement resté étranger aux préliminaires ; le rendez-vous est donné, vous arrivez au Prado, et là les témoins de Daime disent qu'ils ont trouvé de votre part une indifférence absolue.

R. Ces messieurs n'ont pas dit un seul mot ; ils avaient l'intention d'en finir avec moi.

D. Un témoin, Noguer, un de vos amis, déclare que la rencontre est décidée, et dit à Vitre, un autre témoin : « Hugues a appris une botte ; s'il peut la réaliser, Mordant est perdu. »

R. Ce propos est ridicule, car en escrime il n'y a pas de bottes secrètes : ces choses-là sont bonnes au théâtre.

D. Vous arrivez sur le lieu du duel, assisté du docteur Carcassonne. L'arme était l'épée ; le duel devait s'arrêter au premier sang. Daime n'avait pas apporté d'armes.

R. C'est nous qui en étions chargés, et nous avions apporté deux paires d'épées.

D. Où avaient été achetées ces épées ?

R. Je ne le sais pas ; un ami me les a prêtées, mais je ne puis dire son nom.

D. Est-ce un armurier?

R. Non, monsieur.

D. Avez-vous enlevé vos chemises?

R. M. Daime demanda si l'on gardait les chemises, et m'avertit qu'il avait un tricot sous la chemise, que je lui permis de garder.

D. Que se passe-t-il quand vous êtes en face?

R. A la première passe, je suis effleuré; à la deuxième passe, je suis éraflé et ne m'en suis pas aperçu; alors nous nous sommes fendus tous deux, et le coup que j'ai porté doit être un coup de riposte.

D. Vous avez été touché une fois?

R. Non, monsieur.

D. Nous rencontrons là des déclarations différentes. Daime frère dit que vous avez été blessé la première fois.

R. C'est une infamie, ce sont mensonges sur mensonges.

D. Daime frère continue à dire que son frère s'est découvert et que vous avez frappé.

R. C'est alors un assassinat ?

D. Jourdan dit exactement la même chose; mais ils ne sont pas d'accord avec vos deux témoins. Le docteur Carcassonne vous a entendu dire également: *Je suis touché!*

R. C'est faux, car je n'ai eu qu'une légère égratignure qui n'a même pas amené de sang.

D. Vous avez adressé une lettre à M. le procureur de la République, dans laquelle vous avouez avoir été blessé à l'épaule droite.

R. C'est vrai, monsieur; mais sur le terrain je n'avais rien senti.

D. Mais ce qu'a dit M. Carcassonne ?

R. C'est une erreur ; j'ai dit : Suis-je blessé ?

D. Je me résume en deux mots : les témoins de Daime affirment qu'il a été touché n'étant point en garde ?

R. Devant le juge d'instruction ils se sont contredits ; Daime disait qu'il avait l'épée baissée ; Jourdan a dit qu'il avait l'épée à la main, dans la position de la défense.

D. Les maîtres d'armes entendus comme experts pensent que, au moment où Daime a été frappé, il devait être fendu. Vous pouvez vous asseoir.

M. Clovis Hugues se rassied au milieu de l'émotion causée par cet interrogatoire fort émouvant et dans lequel il s'est exprimé avec une grande modération.

INTERROGATOIRE DE MM. MALLET ET MELLAN

D. Votre interrogatoire se confondant, je vous fais lever tous deux à la fois ; Mallet et Mellan, levez-vous. Mallet, le 30 novembre, vous avez eu une entrevue avec les témoins de Désiré Mordant ?

R. Oui, monsieur.

D. Des efforts ont été faits pour arranger l'affaire ?

R. C'est M. Mellan qui a parlé.

D. Eh bien, parlez, Mellan.

R. Nous avons écarté entièrement la question de journalisme et de politique pour ne conserver que la question d'honorabilité de Mme Clovis Hugues. M. Daime, aux demandes de conciliation, a dit qu'il était bien aise de donner une leçon à M. Clovis Hugues. Plus tard, les témoins de M. Daime exigèrent des excuses de M. Clovis

Hugues; alors je répétai que toute autre question que l'honneur de Mme Hugues était mise de côté.

D. Vous avez donc demandé une réparation par écrit à M. Daime, qui vous a dit que Mme Hugues était une femme parfaitement honnête ?

R. Oui, monsieur.

D. Vous avez dit que Daime frère avait également demandé, en échange de la rétractation de son frère, des excuses de Clovis Hugues.

R. Ces messieurs ont simplement demandé des excuses pures et simples.

D. Daime frère prétend que l'on devait faire avant le duel une dernière tentative de conciliation.

R. Cette version est erronée; ce sont ces messieurs qui m'ont demandé où nous nous battions. Ces messieurs n'avaient pas d'armes et dirent qu'ils ne pourraient s'en procurer. Et au sujet des armes, nous avons dit que Clovis Hugues laissait toute latitude et le choix des armes à son adversaire. Je dois dire aussi que sur le terrain aucun mot n'a été prononcé par ces messieurs; M. Mallet, seul, a parlé de conciliation.

D. Qui a indiqué que l'on dût s'arrêter au Skating du Prado ?

R. C'est moi, monsieur.

D. Et vous, Mallet, vous dites avoir laissé le choix des armes à vos adversaires; Jourdan dit que l'on a parlé de pistolet.

R. On n'en a fait aucune mention. Nous avons fait toute conciliation possible; je suis même allé à deux reprises chez M. Daime, contre toutes les lois du duel, et il m'a reçu en me disant des insultes et en injuriant les chefs du parti républicain.

D. Nous sommes ici pour faire de la justice et non de la politique; je ne veux pas connaître vos opinions; la justice s'honore de ne pas se mêler à la politique. Je suis un magistrat et non un homme politique. (*Mouvement.*) Racontez sans passion, et tout ira mieux.

M. Mallet entre dans les détails du duel, il raconte comment il a mesuré les épées et engagé les fers. Il dit que MM. Daime et Jourdan étaient pâles comme des morts et ne savaient plus s'ils étaient sur la terre. Puis ensuite, ajoute M. Mallet, j'ai fait une dernière et suprême tentative de conciliation.

D. Daime et Jourdan disent qu'ils ont rencontré chez vous la plus grande résistance.

R. Ce n'est pas.

D. Jourdan dit qu'il a, au croisement du fer, adressé une dernière prière.

R. Ce n'est pas vrai; ils n'ont rien dit sur le terrain, et ont toujours dit qu'ils voulaient un duel sérieux.

D. Le docteur Carcassonne dit que vous vous êtes opposé à ce que Mordant quittât son gilet. Et je vous blâme, tous les quatre témoins, d'avoir permis aux adversaires de conserver leur chemise, c'est une des plus ourdes fautes du duel.

R. C'est sur l'insistance même du docteur que nous avons fait cela.

D. Vous avez déclaré, Mellan, avoir entendu crier par quelqu'un : Clovis, vous êtes touché.

R. Je me rappelle cela, mais pas exactement de la même façon.

D. A ce moment-là, il fallait arrêter le duel surtout, car les chemises vous empêchaient de voir le sang, et c'est là ce que vous reproche l'accusation.

R. Monsieur le président, répond Mallet, les deux coups ont été simultanés, l'on ne pouvait rien arrêter.

D. Asseyez-vous tous les deux.

L'interrogatoire de MM. Mellan et Mallet a produit une excellente impression ; les deux coaccusés se sont exprimés avec beaucoup de facilité et ont réfuté de leur mieux les charges de l'accusation.

INTERROGATOIRE DE MM. DAIME ET JOURDAN

D. Daime, levez-vous ; vous avez servi de témoin à votre frère ?

R. Oui, monsieur, je ne connaissais pas la polémique en question, mais j'ai tenu à servir de témoin à mon frère. Je ne crois pas que mon frère ait jamais eu l'intention d'insulter Mme Clovis Hugues.

D. Vous avez proposé de rétracter l'article ?

R. Oui, monsieur, à condition qu'ils rétractent également. C'est M. Mallet qui a dit qu'il fallait que le duel soit sérieux. Mais ces messieurs m'ont paru ne pas vouloir faire de conciliation.

Le frère de M. Daime raconte ensuite les faits que nous venons de raconter et qui ont précédé le duel. Il constate qu'ils n'avaient apporté ni épées, ni amené de docteur, ils sont allés au combat les mains dans les poches.

A ce moment, Mallet apostrophe vivement Daime ;

M. le président le prévient qu'il le fera reconduire en prison si pareil fait se reproduit.

M. Mallet dit qu'il s'est laissé entraîner par un mouvement de vivacité; il est prêt à retirer son expression : *vous mentez impudemment !*

D. Donc, Daime, vous êtes arrivé sans armes sur le lieu du combat.

R. Oui, monsieur; et l'on a dit sur le lieu du combat : Il faut que l'un des deux donne une leçon à l'autre.

D. Est-ce vrai, Mellan ?

R. Non, monsieur !

D. Vous le maintenez, Daime ?

R. Oui, monsieur.

D. Et pourquoi n'avez-vous pas dressé de procès-verbal de la rencontre ?

R. Je n'ai vu personne après le duel.

M. Mellan. — Pourquoi ces messieurs ne sont-ils pas allés au rendez-vous donné à M. Jourdan ?

D. Est-ce vrai, Jourdan ?

R. Oui, monsieur. Daime ignorait qu'il dût être rédigé un procès-verbal; mais, au rendez-vous, je n'ai pu y aller.

D. Et vous, Daime, vous avez laissé engager le combat en laissant les combattants revêtus de leurs chemises?

R. M. Jourdan a dit qu'il fallait se battre au premier sang; mon frère a demandé de garder la chemise, et nous l'avons laissé faire.

D. Vous avez eu tort.

R. Je ne connaissais pas assez les règles du duel.

D. Eh bien! il ne fallait pas être témoins, et surtout

témoins de votre frère, vous et Jourdan, deux hommes inexpérimentés.

R. M. Mallet est prévôt d'armes.

D. Je ne parle que de vous ; il ne fallait pas se mêler de ce que vous ne connaissiez pas ; dites-nous à quel moment votre frère a atteint Clovis Hugues ?

R. A la première passe, il a touché M. Clovis Hugues, il lui a dit : *Cette fois, je t'ai touché,* et il s'est retiré en arrière ; à ce moment, il est tombé frappé dans mes bras.

D. Quelqu'un a-t-il crié : *Touché !* à la première passe ?

R. C'était mon frère.

D. Avant le dernier coup, avez-vous encore entendu Clovis Hugues crier : *Touché !*

R. Non, monsieur.

D. D'après vous, Clovis Hugues se serait précipité sur votre frère après une égratignure qu'il avait reçue ?

R. Oui, monsieur, et mon frère était découvert.

D. Voyons, Clovis Hugues, expliquez-vous et soyez calme.

R. M. Clovis Hugues réfute l'argument de Daime et dit que c'est faux qu'il ait frappé Mordant découvert : il a frappé sur un coup de riposte parfaitement loyal.

D. Et vous, Daime, maintenez-vous ce que vous dites ?

R. Oui, monsieur le président.

D. MM. les jurés apprécieront. Est-il vrai que vous ayez placé votre frère dans une voiture et que Jourdan ait alors déserté le terrain ?

(Daime ne répond pas.)

D. Les témoins de Clovis Hugues se sont-ils approchés de vous et vous ont-ils dit :

« Reconnaissez que tout s'est loyalement passé. »

R. Non, monsieur le président ; il n'y avait personne sur le terrain.

M. le président fait répéter à M. Jourdan les détails du duel et de ses préliminaires, tels que les ont déjà racontés les autres témoins. Sur les principaux points des préliminaires, Jourdan affirme que tout ce qu'a dit Daime est parfaitement la vérité.

D. Vous avez encore eu tort, vous aussi, je le répète, d'avoir laissé battre les deux adversaires avec leurs chemises.

R. C'est vrai, monsieur.

D. Et vous avez été un témoin qui avez tourné le dos quand votre client a été blessé, et qui avez déserté le terrain ?

(Jourdan ne répond rien.) — Puis :

R. Je suis resté.

D. Comment! mais vous êtes le seul à le dire! N'êtes-vous pas allé demander aux adversaires de M. Mordant une place dans leur voiture ?

R. Non, monsieur, c'est M. Carcassonne qui l'a demandée pour moi.

D. Est-ce vrai que vous avez serré la main des témoins de Clovis Hugues, en leur assurant que tout s'était loyalement passé.

R. C'est faux! je suis resté, je suis allé chercher la voiture, nous avons mis Daime dans la voiture et je suis parti.

D. Mellan, qu'y a-t-il de vrai dans cela ?

R. Nous avons pris M. Jourdan dans la voiture, le voyant à pied, et il nous a serré la main, nous prouvant ainsi que tout avait été loyal. Nous avons offert nos services au blessé.

D. Clovis Hugues, vous avez quitté la France et vous êtes allé à Gênes. Vous avez eu tort d'adresser cette longue pièce de vers, où vous exerciez votre poésie aux dépens de Jourdan. Ne croyiez-vous pas que cette heure était mal choisie, et ne fallait-il pas un peu d'indulgence pour un manque de sang-froid de la part de cet homme ?

R. Monsieur le président, la pièce est violente, c'est vrai, contre M. Jourdan, mais contient aussi des notes de douleur à l'égard de Daime. Si j'ai publié cela, c'est que M. Jourdan allait disant que j'avais assassiné son ami. Je suis jeune et j'ai des impatiences qui s'expliquent.

D. Croyez-moi, le plus noble regret eût été exprimé par le silence et la douleur. — Asseyez-vous.

Après cet interrogatoire, émouvant surtout par la situation de l'un des accusés, M. le président procède à l'audition des témoins.

M. Rémy Tourtet, cocher de fiacre à Marseille.

Ce témoin est un des cochers qui ont conduit les combattants sur le lieu du duel ; il déclare avoir vu le combat, et avoir vu les deux adversaires se fendre en même temps et se *piquer* tous les deux *en même temps ;* il a vu tomber M. Mordant.

3ᵉ *témoin.* — M. Tardif, Baptistin, cocher à Marseille, 30 ans.

Ce témoin est le second cocher qui a conduit les combattants; ce cocher fait la même déposition que le témoin précédent; il déclare avoir vu les deux adversaires se battre loyalement. Le témoin déclare en outre que M. Jourdan est monté tout d'abord dans la voiture de M. Clovis Hugues et qu'il est ensuite descendu et monté sur le siège de la voiture contenant le corps de M. Mordant.

4e *témoin*. — M. Carcassonne, Casimir, 35 ans, docteur en médecine à Marseille.

M. Carcassonne était le médecin appelé sur le lieu du duel et qui a servi de docteur aux deux partis. Le témoin donne certains détails sur le duel, dont il a été cependant un peu éloigné. M. Carcassonne explique la particularité de la chemise qui a été gardée par M. Mordant. Il lui a semblé qu'en très peu de temps les deux adversaires s'enferraient. A la troisième passe, il a successivement examiné les deux adversaires blessés; M. Clovis Hugues n'avait rien, mais M. Mordant avait une blessure triangulaire et exsangue fort grande. M. le docteur constate que M. Mordant est mort une heure et demie après l'accident.

M. le président. — Lorsque Hugues a dit : *Je suis touché!* était-ce à la première passe ou à la dernière?

Le témoin. — C'est à la dernière phase du combat et les deux adversaires ont poussé ce cri en même temps.

M. le président. — Lorsqu'on s'est retiré, dans quelle voiture êtes-vous monté?

Le témoin. — Avec Daime frère et Mordant.

M. le président. — Les témoins de Mordant ont-ils proposé une conciliation sur le terrain?

Le témoin. — Je ne le sais pas; M. Mellan m'a offert après ses services de chirurgien.

5ᵉ *témoin.* — Mistral, Félix, 55 ans, maître d'armes à Marseille.

Le témoin a donné des leçons d'armes à M. Clovis Hugues pendant trois mois, à raison de trois leçons par semaine. Il constate que M. Clovis Hugues ignorait totalement les armes quand il est venu chez lui.

Questionné par M. le président, le témoin déclare que le coup porté est tiré sur un homme fendu.

Le témoin déclare ensuite que les règles du duel exigent que les témoins fassent enlever la chemise aux adversaires, quelque temps qu'il fasse. Il donne ensuite quelques détails techniques sur le duel et sur ses règles.

6ᵉ *témoin.* — Alexandre-Gaspard Audibert, 35 ans, maître d'armes à Marseille.

Le témoin déclare, ainsi que le précédent, que c'est une faute des témoins d'avoir laissé les chemises aux adversaires; il déclare également qu'il y a certains coups qu'il est impossible d'arrêter; la blessure a été faite l'adversaire étant fendu.

MM. Gaspard et Mistral font devant la Cour le simulacre du coup qui a blessé M. Mordant; ils déclarent tous deux que le même coup n'aurait pu être porté à un adversaire debout; M. le docteur Rampal constate la vérité des assertions des deux maîtres d'armes.

7ᵉ *témoin.* — Noguère, Charles, 24 ans, droguiste à Marseille.

Le témoin est celui auquel le témoin Vitre prête le propos suivant : *Clovis sait une botte secrète;* il nie énergiquement ce propos, qui est entièrement faux ; il déclare également que M. Clovis Hugues lui a dit ne pas savoir comment il avait été blessé.

13ᵉ *témoin*. — Roustan, François, 27 ans, journaliste à Marseille.

Le témoin est allé annoncer à M. Clovis Hugues la mort de Mordant ; en l'apprenant, M. Clovis Hugues a eu une attaque de nerfs et est tombé en syncope, manifestant la plus vive émotion.

14ᵉ *témoin*. — Joseph Roux, portefaix à Marseille.

Le témoin a entendu dire avec deux de ses collègues, par M. Jourdan, que tout s'était passé loyalement et dans les règles, que Mordant s'était enferré lui-même.

15ᵉ *témoin*. — Guigou, Léopold, employé à Marseille.

M. Jourdan a dit au témoin que M. Daime s'était enferré lui-même, parce qu'il s'était battu avec trop d'ardeur.

L'audition des témoins est terminée.

La séance est suspendue pendant quelques minutes.

RÉQUISITOIRE DE M. L'AVOCAT GÉNÉRAL

Avant que M. l'avocat général Melcot prenne la parole, M. le président prévient les défenseurs et l'avocat général qu'il a l'intention de poser, comme résultant des débats, la question d'homicide par imprudence et de complicité.

M. l'avocat général porte ensuite la parole dans le sens suivant :

« MESSIEURS,

« Vous avez déjà saisi toute l'importance des faits qui amènent devant vous ces cinq accusés. Il n'est pas besoin de dépeindre la scène terrible du 3 décembre dernier et de mettre devant vos yeux le spectacle de ce jeune homme plein de santé et de vie, et qui, quelques instants après, expirait entre un médecin qui lui donnait ses soins, et son frère, son dernier ami. Il n'est pas besoin de vous rappeler les circonstances de cette scène, vous avez entendu les débats et votre appréciation est faite.

« Aujourd'hui il n'y a plus que des paroles de regrets et même de remords, chacun veut se donner un rôle conciliant et humain. »

L'honorable organe du ministère public dit qu'il est bien démontré que Clovis Hugues n'a pas eu l'intention de donner la mort à son adversaire, mais il ne peut nier qu'il a fait des blessures et porté des coups qui ont occasionné la mort.

Les témoins sont responsables de cette mort de Daime, elle est arrivée par leur faute.

« Messieurs, dit en terminant M. l'avocat général, vous jugerez ainsi que votre conscience vous le dictera ; mais je déclare que l'accusé n'a pas forfait à l'honneur, c'est mon opinion d'homme, c'est ma conviction de magistrat. »

Après ce réquisitoire très court, dont chacun a apprécié la modération, M. le président donne la parole au défenseur de M. Clovis Hugues.

PLAIDOIRIE DE M^e DE PLEUC

L'éloquent et honorable défenseur prend la parole en ces termes :

Messieurs les Jurés,

Au moment où j'aborde la défense de M. Clovis Hugues, je crois que ma cause est déjà toute gagnée, car vous avez compris, vous avez vu que l'homme que je défends ne se préoccupe pas de discuter sa responsabilité et n'a souci que de son honneur.

Le ministère public vous a dit qu'il avait l'intime conviction que le duel avait été loyal, et cela nous permet de raccourcir d'autant ces débats déjà trop longs : il y avait donc auparavant trois points principaux dans la défense de M. Clovis Hugues, deux seuls restent maintenant debout. Quelles sont les causes de ce duel ? ce duel est-il punissable ?

Les causes du duel sont connues de tous, dit avec talent et chaleur l'honorable et excellent avocat. Notre président nous le disait ce matin, il ne faut pas mêler la question politique à ce procès. L'éloquent défenseur démontre que si Clovis Hugues s'est battu, c'était pour défendre l'honneur de sa femme insultée lâchement par M. Daime. C'était là une cause sacrée, une cause sainte que soutenait cet homme ; et il ne pouvait aller se battre avec une mauvaise intention.

Mᵉ de Pleuc raconte ensuite le duel en lui-même, ses circonstances, ses détails ; il explique clairement le coup qui a été si fatal pour Daime. Ce duel était logique, était loyal, chacun le reconnaît, et par conséquent l'on ne peut condamner Clovis Hugues, qui est innocent et qui doit sortir la tête haute de l'enceinte de la Cour d'assises. Que

l'on fasse une loi sur le duel, si l'on veut le punir; mais
que l'on sache bien que, dans certains cas, le sang français bouillonne et ne recule pas, ne doit pas reculer devant
un combat individuel.

Vous ne pouvez condamner Clovis Hugues, dit Mᵉ de
Pleuc, car, allez dans les rues, et vous entendrez dire partout : *Il sera acquitté!* parce que la conscience publique le
réclame et le veut, et Clovis Hugues est assez puni par
ce remords, par cette figure qui passera dans ses rêves et
qui sera pour lui une assez grande punition. Et je termine
en disant : le duel a-t-il été loyal? Oui il l'a été. Vous ne
pouvez donc condamner Clovis Hugues, vous le rendrez
à sa femme et à son enfant.

Après cette remarquable plaidoirie si éloquente, si
vive, la parole est à Mᵉ Barne, défenseur de MM. Mellan
et Mallet.

L'audience est reprise à neuf heures. M. l'avocat général
réplique; son nouveau réquisitoire, faible du reste, étudie
les petits côtés de la question. MMᵉˢ de Pleuc et Barne
y répondent vivement.

Après une demi-heure de délibération, M. le président,
à la suite d'un résumé impartial, prononce un verdict
négatif sur toutes les questions, et déclare tous les prévenus acquittés.

DUEL LEPELLETIER

LA rencontre entre MM. Ed. Lepelletier et Lajeune-Vilar fut amenée par une polémique échangée à propos du duel Rochefort-Kœcklin.

M. Lepelletier et ses témoins, MM. Amouroux et Olivier Pain, sont partis par le chemin de fer.

M. Lajeune-Vilar et les siens, MM. d'Ariste et Cunéo d'Ornano, avait pris un landau. Mais le cocher s'étant perdu en route, ils sont arrivés avec vingt minutes de retard.

On s'est mis aussitôt à la recherche d'un terrain favorable dans le bois. Cette recherche a pris plus d'une demi-heure. On s'est arrêté à un plateau dominant la Seine, et un petit chemin qui y aboutissait a été choisi pour le théâtre du combat.

Pas de soleil, si bien que le tirage au sort des places n'avait plus qu'une importance relative.

C'est M. d'Ariste qui a mesuré les épées, mis les adversaires en place et donné le signal.

M. Lepelletier a attaqué avec tant de vigueur que M. Lajeune-Vilar a dû reculer de quelques pas.

Au bout de trois minutes d'engagement, il était touché au gras du bras droit.

La blessure n'ayant pas saigné, le médecin amené par le blessé a déclaré qu'elle n'était pas assez grave pour interrompre le combat.

Après trois minutes de repos, demandées par

M. Lajeune-Vilar, une seconde reprise a eu lieu, et les deux adversaires se sont mutuellement déchiré leurs chemises.

Au troisième engagement, M. Lepelletier a touché M. Lajeune-Vilar à l'épaule, et les témoins, sur la demande du médecin, ont arrêté le combat.

Les deux adversaires se sont serré les mains et M. Lajeune-Vilar a dit à M. Lepelletier :

— Vous savez que je viens de me battre pour un article que je n'avais pas fait.

— Je le savais, a répondu M. Lepelletier.

Dernier détail :

Un garde est arrivé juste au moment où les épées venaient d'être mises dans la voiture, et où les adversaires se rhabillaient.

Trop tard pour qu'il pût dresser procès-verbal !

*
* *

M. Armand Lepelletier devait avoir un second — ou plutôt un troisième duel — quelque temps après. Je dis : « un troisième duel », attendu que le rédacteur en chef du *Réveil* s'était déjà rencontré sur le terrain avec M. Eugène Liébert, du *XIXe Siècle*.

Le duel le plus récent, celui qui nous occupe, avait un caractère de gravité tout particulier. Il ne s'agissait point, en effet, de polémique de journaliste, mais d'affaires intimes. Les procès-verbaux ayant été muets sur l'origine de « la querelle », nous faisons de même, afin de respecter la volonté des combattants.

Cette fois, c'est avec M. Paul Viardot, le violoniste bien connu, fils de Mme Pauline Viardot, que la rencontre eut lieu, non plus à l'épée, mais au pistolet.

Voici le premier procès-verbal — celui qui a trait aux conditions du combat :

Paris, 5 mars 1884.

MM. Tramson, capitaine, et Henry Simond, administrateur du *Radical,* témoins de M. Edmond Lepelletier, se sont mis en rapport avec MM. Émile Pierre, officier de réserve, et Albert Mantelet-Goguet, artiste peintre, témoins de M. Paul Viardot, et ont arrêté, dans les termes suivants, les conditions d'une rencontre devenue inévitable, à la suite d'une querelle privée :

1° M. Edmond Lepelletier est l'offensé et a le choix des armes ;

2° Le combat aura lieu au pistolet rayé de tir, au commandement de « feu à volonté », à la distance de vingt-cinq pas, et avec faculté, pour chaque adversaire, de marcher cinq pas ;

3° Si le premier feu demeure sans résultat, une seconde balle sera immédiatement échangée ;

4° Rendez-vous est pris pour demain jeudi 6 mars, à onze heures du matin, au plateau de Gravelle.

Fait et arrêté en double, à Paris, le cinq mars mil huit cent quatre-vingt-quatre.

Pour M. Edmond Lepelletier :

H. Simond.
Tramson.

Pour M. Paul Viardot :

Émile Pierre.
A. Mantelet-Goguet.

Le capitaine Tramson appartient aux chasseurs à cheval. C'est lui qui devait régler le combat. C'est lui qui, au nom de M. Lepelletier, avait pris la parole pour proposer à M. Viardot les conditions de la rencontre. Ce dernier était chez un de ses amis, un peintre, quand le capitaine et M. Henry Simond se présentèrent chez lui. Mandé, il vint aussitôt. Bien que les conditions du combat fussent des plus dangereuses, il les accepta sans discussion. Ajoutons à ce sujet que M. Lepelletier voulait qu'on échangeât jusqu'à trois balles, mais que ce furent ses témoins qui s'y opposèrent. Les conditions que nous venons de relater offraient déjà un danger réel pour les combattants. On conviendra, en effet, que le pistolet rayé, à une distance qui pouvait être réduite à quinze pas, avec le commandement de « feu à volonté », cela ne constitue pas les règles ordinaires du duel au pistolet.

La rencontre eut lieu le 7 mars. Voici le procès-verbal de la rencontre :

Conformément aux termes du procès-verbal dressé hier, 6 mars;

MM. Tramson, capitaine, et Henri Simond, témoins de M. Lepelletier;

Et MM. Émile Pierre et Albert Mantelet-Goguet, témoins de M. Paul Viardot;

Se sont trouvés avec leurs clients au rendez-vous fixé.

La rencontre a eu lieu aujourd'hui 6 mars 1884, à midi précis, au plateau de Champigny, non loin du Tumulus.

Deux balles ayant été échangées sans résultat, et les

adversaires ayant été remis en place, M. Lepelletier a fait feu le premier et a atteint en pleine poitrine M. Viardot. Ce dernier allait quitter le terrain, mais, sur l'insistance réitérée de M. Lepelletier, il a fait feu et a touché celui-ci à la cuisse gauche.

Les médecins se sont alors empressés auprès des blessés et ont constaté que la blessure de M. Viardot se réduisait à une plaie contuse au sternum et celle de M. Lepelletier à une plaie pénétrante de la région antérieure de la cuisse gauche, et située au tiers inférieur. La balle n'ayant pu être extraite de suite, M. Lepelletier a été reconduit à son domicile.

Pour M. Lepelletier :	Pour M. Paul Viardot :
Capitaine Tramson. H. Simond.	Émile Pierre. A. Mantelet-Goguet.
Médecin de M. Viardot : Buret.	Médecin de M. Lepelletier : Bertrand.

Ajoutons à ce procès-verbal quelques explications intéressantes :

Le combat devait avoir lieu dans la forêt de Vincennes; mais l'intervention de la gendarmerie a forcé les témoins à se rendre jusque sur le plateau de Champigny. Sur ce vaste plateau, chaque combattant offrait à son adversaire un point de mire très facile, trop facile à atteindre.

Les deux combattants allaient échanger la première balle, lorsque le capitaine Tramson s'aperçut que le pistolet de M. Lepelletier était au cran de sûreté; il fit armer l'arme, rappela aux adversaires les conditions du combat, leur expliquant qu'ils ne devaient pas tirer avant le commandement : *Feu!* mais qu'à partir de ce moment, ils pourraient prendre le temps qu'ils jugeraient nécessaire pour viser.

M. Viardot tira le premier; la balle se perdit. M. Lepelletier riposta et la balle de son pistolet effleura le visage de M. Viardot au point que celui-ci fit un mouvement de tête.

On donna de nouvelles armes.

Aucun des adversaires ne profita de la faculté qu'ils avaient de faire chacun cinq pas en avant.

Cette fois, M. Edmond Lepelletier visa le premier; la balle alla frapper en plein dans la poitrine de M. Viardot, à l'endroit même où est le cœur. M. Viardot tourna sur lui-même et chancela.

— A moi! dit-il, je suis touché.

Les témoins s'approchèrent de lui, M. Lepelletier restant en place. Fait incroyable, la balle avait traversé le paletot, le gilet, la chemise et le gilet de flanelle, mais s'était aplatie sur les côtes, faisant une ecchymose très forte.

— Tirez, monsieur, dit alors M. Lepelletier, qui de sa place avait vu les constatations faites.

Et comme M. Viardot ne bougeait pas :

— Mais tirez donc! répéta-t-il.

C'est alors que M. Viardot tira — sans viser. La balle vint se loger dans le haut de la cuisse gauche de son adversaire, qui fut reconduit par ses témoins à son domicile, 73, boulevard de Clichy.

La balle, entrée en retrait dans la partie supérieure de
la cuisse gauche, resta sur la partie synoviale. Elle ne put
être extraite, et pendant quelques jours, l'état du blessé
offrit de sérieux dangers.

Quant à M. Paul Viardot, il en fut quitte, ou à peu
près, pour la peur. Il eut une petite ecchymose, à l'endroit même où la balle avait frappé, mais il put regagner
son domicile, et quelques jours après il vaquait à ses
affaires comme d'habitude.

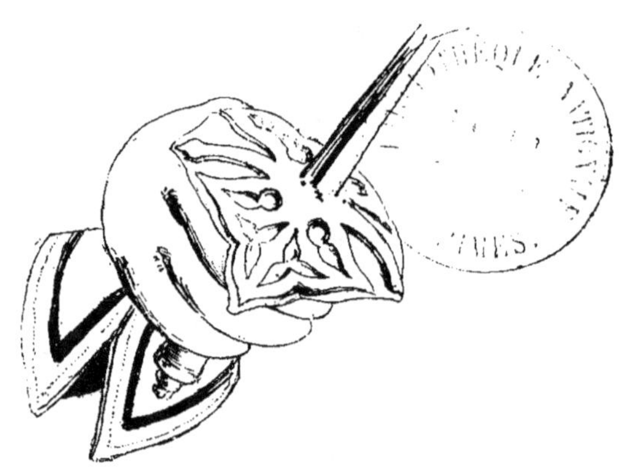

TABLE

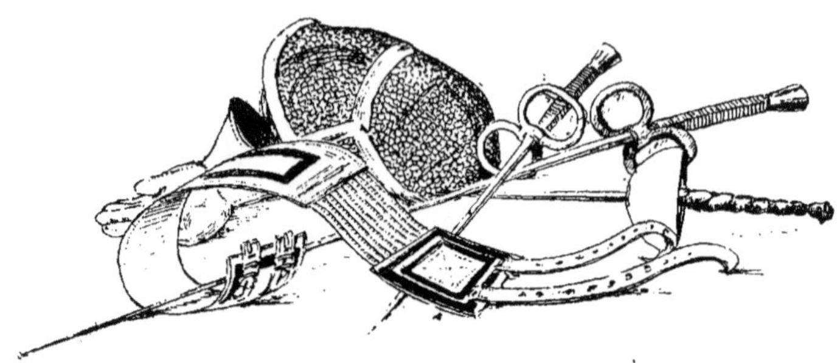

TABLE

ACHEVÉ D'IMPRIMER

SUR LES PRESSES DE

CH. UNSINGER, IMPRIMEUR A PARIS

le 15 mai 1884

POUR

ÉD. ROUVEYRE ET G. BLOND

LIBRAIRES-ÉDITEURS

A PARIS